AF273926

CUANDO EL AMOR FALTA

JESÚS HIGUERAS

CUANDO
EL AMOR FALTA

EDICIONES RIALP
MADRID

ISBN (edición impresa): 978-84-321-7244-1
ISBN (edición digital): 978-84-321-7245-8
ISBN (edición bajo demanda): 978-84-321-7246-5
ISNI: 0000 0001 0725 313X
Depósito legal: M-20548-2025

Impreso en España   *Printed in Spain*
Estilo Estugraf, S.L. Ciempozuelos (Madrid)

A Jesús y Elvira,
mis padres y maestros en la fe.

ÍNDICE

A los tres días había una boda en Caná de Galilea, y la madre de Jesús estaba allí. Jesús y sus discípulos estaban también invitados a la boda. Faltó el vino, y la madre de Jesús le dice: «No tienen vino». Jesús le dice: «Mujer, ¿qué tengo yo que ver contigo? Todavía no ha llegado mi hora». Su madre dice a los sirvientes: «Haced lo que él os diga». Había allí colocadas seis tinajas de piedra, para las purificaciones de los judíos, de unos cien litros cada una. Jesús les dice: «Llenad las tinajas de agua». Y las llenaron hasta arriba. Entonces les dice: «Sacad ahora y llevadlo al mayordomo». Ellos se lo llevaron. El mayordomo probó el agua convertida en vino sin saber de dónde venía (los sirvientes sí lo sabían, pues habían sacado el agua), y entonces llama al esposo y le dice: «Todo el mundo pone primero el vino bueno y, cuando ya están bebidos, el peor; tú, en cambio, has guardado el vino bueno hasta ahora». Este fue el primero de los signos que Jesús realizó en Caná de Galilea; así manifestó su gloria y sus discípulos creyeron en él.

San Juan 2, 1-11

INTRODUCCIÓN

HAY ESCENAS DEL EVANGELIO que son como semillas escondidas: pequeñas, discretas, pero capaces de contener un mundo entero. Una de esas
escenas, que hemos escuchado tantas veces y que
quizá corre el riesgo de pasar desapercibida, es la
de las bodas de Caná.

Un banquete, un descuido, unas tinajas vacías,
un vino que falta, una Madre que intercede, un
Hijo que actúa en silencio. En apariencia, poco
más que un episodio doméstico. Y, sin embargo,
en esas líneas sencillas del segundo capítulo del
Evangelio de san Juan late un misterio inmenso,
un eco que atraviesa los siglos y nos alcanza a
nosotros hoy.

Este libro nace de la convicción de que Caná
no es solo un recuerdo del pasado, sino una clave
para comprender el presente de nuestra fe. Porque, si somos sinceros, todos llegaremos un día
a descubrir que nos falta el vino. Que la alegría

se nos escapa, que la vida pierde sabor, que la fe corre el riesgo de convertirse en costumbre o en peso. Y cuando eso sucede, cuando el alma experimenta su propia pobreza, es cuando la escena de Caná se convierte en un espejo.

He querido reunir en estas páginas nueve meditaciones sencillas, casi como un itinerario interior, para redescubrir qué significa ser cristiano. No como una definición abstracta, ni como un conjunto de normas o ideas, sino como un modo de vivir, de mirar, de amar, de existir. Cada meditación es un paso que nos acerca a esa verdad esencial: que ser cristiano es, ante todo, haber sido alcanzado por un Amor gratuito que transforma todo lo que toca.

Este libro no pretende dar respuestas definitivas. Pretende, simplemente, acompañarte en el camino de la conversión que nos lleva hasta Caná y dejarte allí, ante las tinajas, ante el Maestro, ante el milagro silencioso que comienza cada vez que abrimos el corazón.

No son reflexiones académicas ni discursos teológicos fríos. Son palabras que invitan a detenerse, a contemplar, a que te preguntes por el vino que falta en tu vida y a que dejes que Cristo llene de nuevo tus tinajas de vino.

Ojalá que, al recorrer estas páginas, descubras —como aquellos discípulos en Caná— que el Evangelio no es una teoría, sino un milagro cotidiano. Que la vida cristiana no consiste en cumplir, sino en dejarse transformar. Que la fe no es un esfuerzo solitario, sino un camino de comunión y de gracia.

Y, sobre todo, que puedas escuchar, en lo más profundo de tu alma, la voz suave y firme de María, que sigue diciendo: «No tienen vino». No para señalar un vacío, sino para recordarte que hay Alguien capaz de colmarla.

Bienvenido a Caná. Que el vino no te falte nunca.

La verdad que nos hace humildes

Si queremos comenzar este camino de reflexión y de conversión, si queremos abrir de verdad las puertas del corazón para que el Evangelio nos alcance y nos transforme, necesitamos dar un primer paso sencillo, pero decisivo: vivir en la verdad. No en una verdad abstracta, fría, distante, sino en esa verdad que toca la vida y que, cuando la dejas entrar, genera en el alma un movimiento de humildad y libertad.

Porque la verdad —cuando es auténtica— no aplasta, no humilla, no esclaviza. Todo lo contrario: cuando uno empieza a vivir en la verdad, descubre que el corazón se vuelve más ligero, que las máscaras comienzan a caer, que ya no es necesario aparentar, justificar ni esconderse. Vivir en la verdad nos despoja de todo aquello que no somos y, al mismo tiempo, nos devuelve a nosotros mismos.

Y para nosotros, los cristianos, esa verdad no es simplemente una doctrina, un conjunto de ideas bien formuladas, una ética elevada que nos marca un camino. La verdad, para nosotros, tiene un rostro, una voz, un nombre: Jesús. Él no es un maestro más entre tantos, o un guía sabio que nos dejara algunas enseñanzas útiles, como pudieron hacerlo Sócrates o Platón, cuya búsqueda sincera merece respeto. No, para nosotros, Jesús no es un maestro más. Él es el umbral de lo verdadero, porque es Dios mismo que ha querido mostrarse y entregarse.

Cuando decimos que Jesús es la verdad, no estamos proclamando una teoría; estamos anunciando un encuentro. Como él mismo dijo: «Yo soy el camino, la verdad y la vida»[1]. No «tengo» la verdad, sino que «soy» la verdad. En Jesús, la verdad no es un concepto frío que podamos manipular; es un rostro que nos mira, es una presencia que nos llama, es una vida que se nos ofrece.

---

[1] Jn 14, 6.

Tener esta convicción, sin embargo, no nos convierte en jueces de nadie. No es un arma que levantamos para despreciar a los demás, ni un pedestal desde el cual sentirnos superiores. Todo lo contrario: quien ha sido alcanzado por la verdad que es Cristo sabe que esa verdad no se impone, no se grita, no se lanza como una piedra contra el otro. La verdad se ofrece con humildad, con respeto, con amor.

Y por eso, vivir en la verdad es inseparable de vivir en la humildad. No hay verdad cristiana sin humildad. Cuando uno empieza a llamar a las cosas por su nombre, cuando deja de engañarse a sí mismo y renuncia a las máscaras y a las justificaciones, entonces la verdad no se convierte en una carga, sino en un descanso. Es la humildad de reconocer que no somos el centro, que no lo sabemos todo, que no podemos salvarnos solos. Y en ese reconocimiento, paradójicamente, comienza la verdadera libertad.

Sin este primer paso —sin esta adhesión humilde y sincera a la verdad— no puede nacer la fe. Es como un terreno que hay que limpiar antes de sembrar. La fe no puede brotar en un corazón endurecido por la mentira, por la autojustificación o por la arrogancia. La fe necesita de un alma que, aunque herida y necesitada, sea capaz de abrirse a la luz, de dejarse mirar y transformar.

Y así ocurre algo maravilloso: esa verdad que Jesús nos revela, esa verdad que podría ser impuesta con fuerza, se nos ofrece con ternura, con respeto, con un amor paciente que nunca presiona. Jesús no nos obliga. No nos fuerza. No nos condiciona. No dice: «Si me sigues, te amaré; si me rechazas, te despreciaré». No. Jesús invita, propone, espera.

«Aprended de mí que soy manso y humilde de corazón»[2], nos dice. Él no es un conquistador que somete, sino un maestro que sirve. Él no grita en las plazas, ni aplasta la caña cascada[3]. Nos muestra un camino, sí, pero no nos empuja a recorrerlo. Y lo más sorprendente es que, incluso cuando le damos la espalda, su amor permanece intacto.

Jesús no ama para ser amado. No entra en un comercio afectivo con nosotros. Su amor no es un trueque, no está condicionado a nuestra respuesta. Él nos ama porque somos suyos, porque somos sus hijos, porque nuestro nombre está escrito en la palma de su mano. Nos ama cuando le buscamos y nos ama cuando le olvidamos. Nos ama cuando nos dejamos transformar y nos ama cuando huimos de la verdad.

---

[2] Mt, 11-29.
[3] Cf Is 42, 2-3.

Pero —y esto conviene no olvidarlo— somos nosotros los que nos jugamos la vida en esa respuesta. Dios no pierde nada si no le amamos. Somos nosotros los que nos empobrecemos si rechazamos la verdad. Somos nosotros los que cerramos la puerta a la alegría, a la libertad, a la vida auténtica. Porque quien vive lejos de la verdad, vive lejos de sí mismo.

Por eso, la invitación de Jesús no es una imposición; es un ofrecimiento gratuito que nos devuelve el sentido, nos reconcilia con lo que somos, nos abre el horizonte de una vida plena. Vivir en la verdad es vivir en la libertad de saberse amado sin condiciones, y en la humildad de reconocer que necesitamos ser salvados.

Quizá el primer milagro de Caná no fue convertir el agua en vino, sino enseñarnos que el amor verdadero nunca se impone, sino que se ofrece. Y que, si aceptamos vivir en esa verdad, incluso lo más insípido de nuestra vida puede ser transformado en fiesta.

LA LIBERTAD QUE NOS CONFIGURA

Si la verdad es el primer peldaño para comprender quiénes somos como cristianos, hay un segundo principio sin el cual la fe se vuelve una apariencia vacía: la libertad. No cualquier libertad, sino esa libertad interior, profunda, no negociable, que no depende de las circunstancias externas ni de los estados de ánimo, sino que brota de la verdad misma y nos configura desde dentro.

Ser cristiano no es vivir sometido a una serie de normas exteriores ni a un sistema impuesto desde fuera. No es caminar con el peso de cadenas invisibles ni cumplir con rituales, por miedo o por costumbre. La verdadera vida cristiana es, ante todo, la experiencia de una libertad radical, porque Dios no quiere siervos sometidos, sino hijos libres.

Solo es cristiano quien ha aprendido a vivir en libertad. Esa libertad que no consiste en hacer lo que uno quiera, cuando quiera y como quiera —esa es la falsa libertad que muchas veces nos vende el mundo y que, en el fondo, es solo otro nombre para la esclavitud del egoísmo—. La libertad verdadera es la capacidad de conocer la voluntad de Dios y, conociéndola, decidirse por ella sin miedo, sin coacciones, sin ignorancia, con la responsabilidad serena de quien sabe que la propia vida es una obra que se construye con cada elección.

Jesús lo dijo de manera sencilla y desarmante: «Si conocéis mis enseñanzas, conoceréis la verdad, y la verdad os hará libres»[4]. Porque solo cuando

---

[4] Jn 8, 31-32.

uno descubre quién es, para qué ha sido creado y cuánto es amado, puede vivir sin cadenas.

Cada decisión que tomamos nos configura, nos moldea, nos convierte poco a poco en lo que somos. No somos la suma de nuestras emociones ni el producto de las circunstancias; somos el resultado de nuestras decisiones libres. A lo largo de la vida, esas decisiones van tejiendo un rostro, una identidad, un destino. Por eso, la libertad no es un adorno opcional de la vida cristiana, sino su médula, su latido más profundo.

Pero esta libertad tiene enemigos. Y son, curiosamente, los mismos que acechan desde siempre al corazón humano: el miedo y la ignorancia. El miedo que paraliza, que nos hace vivir pendientes de la mirada ajena, temerosos del juicio de los demás, del fracaso, de la soledad, incluso del castigo divino. Y la ignorancia, que nos mantiene en la oscuridad, que nos impide ver quiénes somos realmente y cuál es la voluntad de Dios sobre nosotros.

Ambos enemigos nos roban la libertad interior y nos dejan vagando como esclavos de nuestros propios temores o de nuestras propias tinieblas.

Por eso es tan importante recordar que llegará un día, al final de nuestro camino, en que nos encontraremos cara a cara con Dios, y Él nos preguntará con ternura y con verdad: ¿Quién has sido? No nos preguntará qué hemos aparentado, ni qué opinaban los demás de nosotros, ni siquiera cuántos errores hemos cometido. Nos preguntará quién hemos decidido ser.

Será un juicio distinto al que muchos imaginan. No un tribunal temible, sino una mirada amorosa que nos invita a reconocer lo que hemos hecho con el don más precioso que se nos ha dado: la libertad. ¿Quién has querido ser? ¿Quién has sido para los demás? ¿Quién has decidido ser para los que puse junto a ti —para tus padres, hijos, hermanos, y todos aquellos que la vida te confió?

Ese día quedará claro que no es cristiano verdadero quien ha permanecido en la Iglesia por miedo al infierno. No es cristiano quien ha cumplido por rutina, porque «no conoce otra cosa», por costumbre o por temor. La fe no nace del miedo. Nace de una decisión libre y consciente de responder al amor que nos ha precedido.

Y ahí aparece el tercer elemento inseparable de la libertad: el contenido de nuestra fe, la verdad que acogemos libremente. ¿Qué cree un cristiano? ¿Qué es lo que Jesús ha revelado y que, con nuestra libertad, podemos aceptar o rechazar? Que somos siempre radicalmente amados.

Incluso aquellos que están lejos de Dios o que han rechazado su amor hasta el extremo de cerrarse a Él para siempre, siguen siendo amados por Dios. ¿Pensamos que Dios deja de amar a los que se pierden? No. El drama no está en el amor de Dios, que es inmutable y eterno; está en la libertad del hombre, que puede, trágicamente, rechazar ser amado.

La libertad humana tiene un peso inmenso, porque es capaz incluso de decirle que no al amor infinito. Dios no obliga a nadie a quererle. Él nos ama sin condiciones, pero respeta nuestra respuesta. Es la tragedia del infierno: no es que Dios deje de amarnos, sino que hay quienes no quieren ser amados, que rechazan la verdad, que renuncian a la libertad que salva.

Pero para ti, que ahora lees estas líneas, la invitación permanece abierta: tu vida no está determinada por tus miedos, ni por tus errores, ni siquiera por tus méritos. La verdadera libertad consiste en reconocer que eres amado incondicionalmente. Desde ahí debes decidir quién quieres ser.

Tu libertad no es un peso, sino un don. Una capacidad sagrada que Dios ha puesto en tus manos para que, a cada paso, puedas configurarte con Cristo y dejar que su amor te transforme. La libertad, bien vivida, no es un campo de batalla, sino un camino hacia la plenitud, hacia esa vida eterna que comienza cada vez que, sin miedo y sin condiciones, te dejas amar por Dios.

Hay una verdad sencilla y desbordante que está en la raíz misma de nuestra fe, y que sin embargo olvidamos con facilidad: somos amados por Dios, no por lo que hacemos, sino por lo que somos. Y ni siquiera por lo que somos por nosotros mismos, sino porque Él ha querido mirarnos desde la eternidad con ternura.

No hay mérito que haya provocado ese amor. No hay esfuerzo que lo haya comprado. Desde el principio —desde antes incluso de que supiéramos que existíamos— ya éramos objeto de un amor eterno e incondicional. Cuando estábamos ocultos en el vientre de nuestra madre, cuando aún no habíamos pronunciado una sola palabra, cuando no habíamos hecho nada bueno ni malo, ya éramos amados. Y también lo fuimos después, cuando caímos, cuando tropezamos, cuando nos equivocamos. Incluso entonces, su amor no se retiró. Porque su amor no es un salario. Es un don.

La salvación no es la recompensa a una vida correcta. No es un premio para quienes se portan bien. La salvación es un regalo. Es un misterio que nos precede, que nos envuelve y que —si nos dejamos— nos transforma desde dentro. No hay nada que podamos hacer para merecerlo, y sin embargo se nos ofrece, una y otra vez. Como una fuente que nunca se agota.

Ese amor comenzó a transformarnos el día que fuimos bautizados. El día que nos abrimos, aunque fuera un poco, a la fe. El día que dijimos con timidez: "Sí, Señor, te doy permiso para entrar". Desde ese momento, el Espíritu Santo comenzó a actuar. A moldear nuestro corazón. A injertarnos en Cristo, como los sarmientos en la vid.

Y aquí está la clave: la tarea de nuestra vida no es ganarnos ese amor, sino crecer en él. Dejar que nos habite. Permitir que el Espíritu Santo modele en nosotros un corazón que sepa amar, acoger y entregarse.

Ese amor no se queda en nosotros. Se desborda hacia los demás, hacia Dios, incluso hacia nosotros mismos. Porque sólo quien ha sido amado puede amar de verdad. Sólo quien ha sido colmado por dentro puede convertirse en cauce de gracia para los otros.

Por eso, cuando un cristiano vive angustiado, obsesionado con acumular méritos, con "portarse bien" para que Dios lo quiera, está viviendo fuera del Evangelio. Cuando alguien cree que tiene que ganarse el cielo como quien acumula puntos en un sistema de recompensas, ha olvidado lo esencial. Ha caído en una lógica pagana, que convierte a Dios en un juez y al hombre en un obrero que trabaja por su paga.

Ese fue el error antiguo de Pelagio, que en los primeros siglos creyó que bastaba con el esfuerzo humano para alcanzar la salvación. Que con fuerza de voluntad y buenas obras se podía entrar en el cielo. Pero no. El cristianismo no es eso. El cristianismo es el asombro de saberse amado gratuitamente. Es la certeza de que Dios no espera a que seamos perfectos para amarnos. Nos ama primero. Nos ama antes. Nos ama siempre.

Por eso, en lo más profundo, la vida cristiana no es un esfuerzo titánico por alcanzar la santidad. Es una rendición confiada al amor que nos precede. Es un dejarse amar, un dejarse transformar, un vivir desde la gracia. Y ahí, precisamente ahí, está nuestra libertad. No en fabricar méritos, sino en acoger un don. En vivir con los brazos abiertos.

Porque todo tiene sentido si nace y se sostiene únicamente en el amor, y no en cualquier amor, sino en el amor de Dios, que no es un sentimiento pasajero, sino una fuerza que configura. Que sostiene. Que da vida.

Por eso Jesús, cuando le preguntan cuál es el mandamiento más importante, no responde con un código moral. Dice: «Amarás». Y no sólo a

Dios. También al prójimo. Y también —no lo olvides— a ti mismo[5].

Ese "amarás" no es una recomendación para almas sensibles. Es el latido mismo del Evangelio. Todo lo que no nace del amor se deshace. Todo lo que no se sostiene en el amor se vacía. Todo lo que no tiene raíz en el amor se pierde.

El amor es lo único que permanece. Todo lo que hayamos hecho por interés, por costumbre, por obligación, quedará en nada. Pero lo que hayamos hecho por amor —aunque haya sido pequeño, escondido, insignificante a los ojos del mundo— quedará para siempre grabado en el corazón de Dios.

Y esta es quizá una de las diferencias más profundas entre ser correcto y ser cristiano. Hay muchas personas buenas, cumplidoras, correctas. Pero ser cristiano no es simplemente ser bueno. Es haber sido tocado por la gracia. Es vivir desde dentro de un amor que nos transforma.

No es lo mismo ir a misa por obligación que ir al encuentro del Amado. No es lo mismo ayudar "por cumplir" que tender la mano porque el amor de Dios desborda en ti. No es lo mismo obedecer por miedo que vivir como hijo amado.

---

[5] Mt 22, 37-39.

Todo cambia tras este descubrimiento del alma porque la fe deja de ser una carga y se convierte en un canto. El mandamiento ya no aplasta, sino que impulsa. Y comprendemos que lo único que permanece es el amor.

EL COMBATE CONTRA LOS ÍDOLOS

Hay una verdad que, tarde o temprano, el cristiano debe reconocer si quiere avanzar en el camino de la fe: no sabemos amar. Intuimos lo que es el amor, lo anhelamos, hablamos de él con facilidad, pero si miramos con sinceridad nuestra vida, descubrimos que muchas veces amamos mal, amamos poco o de forma desordenada. Nuestro corazón, creado para Dios, tiende a buscar refugios falsos, atajos ilusorios, espejismos que nos prometen plenitud y que, sin embargo, nos dejan vacíos.

Por eso, para poder vivir como cristianos, es necesario hacer un acto de humildad: reconocer que hemos permitido que en nuestro corazón se establezcan los ídolos que distorsionan el amor verdadero. Ídolos que no siempre tienen forma de estatuas, como en los antiguos templos paganos. Son ídolos mucho más sutiles y peligrosos, porque no se ven a simple vista.

Un ídolo es todo aquello que ocupa en nuestra vida el lugar que sólo le corresponde a Dios.

Todo aquello que nos seduce, nos esclaviza y termina por controlarnos. Puede ser una persona, una relación que priorizamos y que se convierte en el centro de nuestra existencia. Puede ser el dinero, la seguridad material, el prestigio, el poder, la imagen que proyectamos, el deseo insaciable de éxito, de aprobación. Incluso puede ser un ideal, una causa, un sueño que sustituye silenciosamente a Dios.

Los ídolos tienen un poder engañoso: prometen felicidad, pero terminan robándonos el alma. Nos hacen vivir pendientes de ellos, atados a ellos, sirviéndolos sin darnos cuenta. Y cuando nos damos cuenta, ya nos han vaciado por dentro.

Por eso, cuando Jesús comienza su predicación, su primera palabra es una invitación urgente: «Convertíos»[6]. Volved. Dad la vuelta. Cambiad de mentalidad. Reconoced que vuestro corazón está lleno de ídolos y despojaos de ellos para volver a ser libres. Cambiad el modo de pensar y, con ello, el modo de vivir.

La conversión cristiana no comienza con grandes actos heroicos ni con gestos espectaculares. Comienza, sencillamente, por el reconocimiento humilde de que hemos puesto muchas veces nuestra confianza, nuestra esperanza y nuestro

---

[6] Mc 1, 15.

amor en lugares equivocados. Comienza cuando somos capaces de llamar a cada ídolo por su nombre y decirle: «Ya no quiero servirte».

Cuando a Jesús le preguntaron cuál era el mandamiento principal de la ley, su respuesta fue clara y contundente: «Escucha, Israel: el Señor, nuestro Dios, es el único Señor»[7]. Antes de hablar de amar a Dios y al prójimo, Jesús recuerda que sólo hay un Dios, y que toda la vida humana encuentra su verdad y su sentido cuando se ordena en torno a Él.

Y el drama de los ídolos es este: que, cuando ocupan el lugar de Dios, no sólo nos alejan de Él, sino que nos desfiguran como seres humanos. Nos hacen vivir fragmentados, inquietos, siempre necesitados de más, sin alcanzar nunca la paz.

Y no pensemos que este combate pertenece únicamente a nuestro pasado, a una vida anterior al encuentro con Cristo. El mundo que habitamos está lleno de propuestas idolátricas. Nos venden falsas promesas de felicidad cada día, nos ofrecen alternativas seductoras que parecen más fáciles, inmediatas y controlables. Y, si no estamos vigilantes, esos ídolos entran sin ruido, se instalan en el corazón y terminan por ocupar el lugar de Dios.

---

[7] Mc 12, 29.

Por eso, la conversión no es un acto puntual que hacemos una vez y ya está. Es un proceso continuo, un camino permanente de discernimiento y renuncia. Todos los días tenemos que revisar cuáles son los ídolos que nos habitan, cuáles son las cadenas invisibles que nos impiden amar de verdad y vivir libres.

La conversión no debe ser entendida como un ejercicio de autodesprecio, ni como un vivir fustigándose, ni como una permanente inseguridad ante Dios. No se trata de vivir mirando con desconfianza nuestras propias intenciones ni de habitar en la tristeza de quien no se siente digno.

La conversión cristiana es mucho más honda y más luminosa. Es, sobre todo, un acto de confianza en la misericordia y un acto de humildad, que nos lleva a decir: «Señor, he dado espacio a los ídolos, me he equivocado, pero sé que Tú no te cansas de buscarme». Es reconocer que el lugar vacío que dejan los ídolos cuando renunciamos a ellos no queda desolado, sino que se llena de la presencia viva de Dios.

Jesús viene a buscar a los heridos, a los que saben que no saben amar, a los que se han extraviado adorando ídolos y que, un día, se atreven a levantar la mirada y a decir: «No quiero vivir así». Y es en ese momento de renuncia interior, cuando sucede la gracia. Cuando el Espíritu Santo comienza a reconstruir.

La conversión, al final, es dejar espacio para que Dios sea Dios. Es abrirle las puertas al único que merece la adoración y que, a diferencia de los ídolos, no exige servidumbre, sino que nos hace libres y nos enseña a amar.

Hijos en el hijo

Hay una verdad que atraviesa como un hilo de luz todo el misterio cristiano, una verdad que, si la comprendiéramos bien, transformaría para siempre nuestra manera de ser, de pensar y de relacionarnos con Dios y con nosotros mismos: en Cristo, hemos sido hechos hijos. Hijos de Dios. Hijos nacidos no sólo por haber sido creados, sino por haber sido redimidos, amados, engendrados de nuevo en la Cruz.

Este es uno de los núcleos más profundos y revolucionarios de la fe cristiana. No es un añadido sentimental ni un recurso piadoso. No es un simple modo de hablar. Es una realidad ontológica, existencial, espiritual. Jesús, con ese amor gratuito y desbordante que se ha manifestado en la cruz, nos ha hecho hijos en el Hijo.

Ninguna otra propuesta espiritual se atreve a decir lo que el cristianismo proclama con asombro y gratitud: que somos hijos nacidos de las entrañas mismas de Dios, dados a luz en el misterio de la Cruz. No somos meros creyentes, no somos sólo discípulos o seguidores, no somos siervos de un Dios lejano. Somos hijos. Y esa filiación no es una idea abstracta, sino un nuevo nacimiento que nos cambia la identidad para siempre.

El papa Francisco solía recordar que todos los hombres somos hijos de Dios en un sentido amplio y natural. Y es verdad. Porque Dios, al crearnos, nos llama a la existencia con un amor gratuito y originario. Todos los hombres, por el simple hecho de existir, son obra de Dios y, por lo tanto, criaturas suyas, nacidas de su voluntad.

El cristiano vive, una filiación nueva y radicalmente distinta. Somos hijos no solo porque hemos sido creados, sino porque hemos sido rescatados y transformados. Somos hijos en Cristo. No por naturaleza, sino por gracia. No por derecho propio, sino por el don inmerecido que nos ha sido dado en el bautismo, cuando hemos renacido del agua y del Espíritu.

Por eso Jesús le dice a Nicodemo: «Hay que nacer de nuevo»[8]. No basta con haber nacido según la carne; es necesario un segundo nacimiento,

---

[8] Jn 3, 7.

un nacimiento espiritual, para que la filiación divina no sea solo un título, sino una realidad viva que nos configure.

La actitud que define a un hijo cuando el amor es verdadero es la confianza absoluta. Una confianza sencilla, desnuda, natural. Aquella que vemos en un niño pequeño cuando se abandona en los brazos de su madre, y duerme tranquilo porque sabe que alguien vela por él; cuando no se pregunta si será amado mañana porque vive seguro de que el amor de sus padres es incondicional. Esa es la actitud que Jesús nos invita a vivir ante Dios: la confianza total y sin reservas.

Pero qué difícil nos resulta, tantas veces, vivir como hijos. Cuántas veces arrastramos en el corazón la imagen distorsionada de un Dios lejano, exigente e impredecible. La idea de un soberano caprichoso que un día regala y otro día castiga, que un día sonríe y otro día se enfada.

A veces, incluso en la vida de fe, nos acercamos a Dios como súbditos temerosos, como si tuviéramos que negociar con Él, convencerle, ganarnos su favor. Vivimos con el miedo de que, quizá, Dios no quiera nuestro bien; de que, quizá, nos reserve el sufrimiento como castigo o prueba. Y así terminamos por proyectar sobre Él nuestras propias inseguridades, nuestras heridas humanas, nuestras dudas.

Pero este no es el rostro de Dios que muestra Jesús. Este no es el Dios de la Cruz. Este no es el Dios que, al vernos alejados y heridos, entregó a su propio Hijo para que fuéramos libres.

Dios es Padre. Y no cualquier padre: es el Padre perfecto, el Padre fiel que no puede dejar de amar, porque su esencia es el amor. Dios no se complace en nuestro sufrimiento, no goza viéndonos caer, no juega con nuestras vidas como si fuéramos marionetas. Si permite pruebas, si permite el dolor, no es para castigarnos, sino porque respeta nuestra libertad y sabe, mejor que nosotros, que incluso desde el abismo puede brotar la vida.

San Pablo lo dijo con una belleza desbordante en su Carta a los Gálatas: «Porque sois hijos, Dios envió a vuestros corazones el Espíritu de su Hijo, que clama: ¡*Abbá*, Padre!»[9]. No hemos sido adoptados a la fuerza. No somos esclavos ni asalariados. Somos hijos por gracia, y en lo más hondo de nuestro corazón resuena esa palabra que sólo el Espíritu Santo puede enseñarnos a pronunciar: Abbá. Papá.

Vivir como hijos de Dios no significa vivir sin dificultades, sin pruebas, sin caídas. Significa vivir sabiendo que, pase lo que pase, nunca

---

[9] Gal 4, 6.

dejaremos de ser amados, nunca dejaremos de ser hijos. Que nuestra identidad más profunda no está en lo que hacemos, ni en lo que conseguimos, ni siquiera en cómo nos ven los demás, sino en esa verdad silenciosa y poderosa: somos hijos amados, deseados, engendrados en la Cruz.

Y cuando uno empieza a vivir desde ahí, desaparecen muchos miedos, muchas cargas, muchas angustias. La vida deja de ser un examen permanente y se convierte en un camino de confianza. Sabemos que no caminamos solos sino que Alguien nos sostiene y nos espera. Alguien nos mira con ternura infinita.

Quizá la mayor conversión que nos queda por recibir es esta: aprender a vivir como hijos. Creer de verdad que Dios no es un juez distante, sino un Padre cercano. Dejar que la filiación sea la raíz de nuestra libertad, de nuestra esperanza, de nuestra paz. En definitiva, déjate querer por tu Padre.

Todo es Gracia

Todo, absolutamente todo en nuestra historia, está atravesado por la gracia. Incluso cuando no éramos conscientes, caminábamos lejos, o no queríamos saber nada de Dios, Él ya estaba ahí, sosteniéndonos. Todo cuanto somos, y todo lo que algún día podremos llegar a ser, es gracia.

Y esa gracia no es un concepto abstracto. Es un don concreto, personal e íntimo. San Pablo lo expresó con una claridad luminosa: «El amor de Dios ha sido derramado en nuestros corazones por el Espíritu Santo que se nos ha dado»[10]. Derramado, no concedido a cuentagotas. Desbordado, no reservado a unos pocos.

Esta es, quizá, una de las intuiciones más importantes que hemos de recordar una y otra vez, porque tenemos una tendencia constante a olvidarlo. Pensar que nuestra vida, nuestros logros, nuestra perseverancia, incluso nuestra fe, son fruto exclusivo de nuestro esfuerzo, de nuestras capacidades, de nuestras decisiones. Pero el mensaje cristiano nos enseña que todo es don, todo es gracia, todo es un regalo inmerecido que brota de la Cruz.

La Cruz no es simplemente un símbolo hermoso y conmovedor que nos recuerda lo que Dios hizo por nosotros. La Cruz es, ante todo, una fuente viva de gracia. Desde ella brota un río invisible pero real, que nos alcanza, sostiene y transforma. La Cruz no sólo nos enseña algo; nos da algo. Nos da la vida de Dios.

---

[10] Rm 5, 5.

Y esa gracia no es abstracta. Tiene canales concretos por los que llega a nuestra vida, como ríos que riegan la tierra sedienta de nuestro corazón: los sacramentos, la Palabra de Dios, la caridad vivida en lo cotidiano. A través de estos cauces, la gracia fluye y nos nutre, nos hace capaces de vivir de un modo nuevo, aunque externamente nuestra vida parezca insignificante, pequeña, sin brillo.

Porque la grandeza de la existencia cristiana no está en la apariencia, ni en los grandes gestos visibles. La vida cristiana tiene peso cuando está en comunión con la gracia de Dios. Aunque pase la vida fregando suelos, cambiando pañales, cuidando enfermos, escondido y olvidado en una oficina, si lo hago unido a Cristo, si lo hago en comunión con su amor redentor, mi vida se convierte en un altar invisible donde la gracia se derrama.

Todo es gracia. Y cuando uno comprende esto, deja de mirarse a sí mismo con orgullo o con angustia. Porque la vida deja de ser un proyecto propio para convertirse en un regalo recibido. Y entonces el alma descansa.

Y, sin embargo, ahí surge una pregunta legítima: ¿dónde queda el mérito? ¿Qué papel juega nuestra libertad, nuestras decisiones o nuestras obras?

La Iglesia —a diferencia de otras voces que, en la historia, negaron radicalmente el valor de la libertad humana— siempre ha enseñado que existe un mérito cristiano. Pero no porque nosotros, con nuestras solas fuerzas, podamos alcanzar a Dios, sino porque Dios nos hace capaces de acoger su gracia. Nuestro mérito, si se puede hablar así, está en decir «sí». En abrir las manos vacías y recibir lo que no podemos producir por nosotros mismos.

San Pablo lo dijo con claridad y belleza: «Nadie puede decir: "Jesús es el Señor", si no es por el Espíritu Santo»[11]. Incluso nuestra fe, incluso nuestra capacidad de proclamar el nombre de Jesús, es ya un fruto de la gracia. Todo es gracia, incluso nuestra libertad que, cuando se abre a Dios, no hace sino acoger lo que Él mismo nos ha dado antes.

Y cuando miras tu vida a la luz de esta verdad, empiezas a ver de otro modo tu historia. Dejas de atribuirte éxitos, méritos, proyectos. Descubres que, detrás de cada paso, de cada buena decisión, y de cada momento en que el corazón se inclinó hacia el bien, estaba la mano invisible de Dios, sosteniendo, inspirando, empujando suavemente.

Cuando miras atrás y ves cómo has podido sacar adelante a tus hijos, cómo has sostenido tu familia, cómo has perseverado en la fe a pesar de

---

[11] 1 Cor 12, 3.

las tormentas, cómo has seguido creyendo cuando todo parecía oscuro… no puedes sino reconocer que todo ha sido un regalo. Que no eras tú. Que si hoy sigues de pie creyendo y amando, es porque alguien te ha sostenido por dentro. La gracia ha podido más que tus debilidades.

Tengamos la certeza de que el día en que más libres seamos y más cristianos nos volvamos, será cuando levantemos los ojos al cielo y digamos, con una sonrisa humilde y agradecida: Todo ha sido gracia. Siempre.

COMUNICACIÓN Y COMUNIÓN: LA FE COMO RELACIÓN VIVA

Debemos añadir que ser cristiano es vivir en comunicación y comunión. No se puede ser cristiano desde la distancia o desde la teoría. La fe es, ante todo, una relación viva y real con Alguien.

El cristianismo es un encuentro personal. Por eso, cuando decimos que creemos, lo que estamos diciendo en realidad es: vivo en relación con Dios. No como un concepto, sino como una Presencia viva que me mira, me conoce, me ama y me transforma.

Creer no es sólo afirmar que Dios existe, sino descubrir que Él está conmigo, que me acompaña, que entra en mi historia concreta y desea habitar en mí. Por eso san Pablo podía escribir con asombro y gratitud: «Vivo yo, pero ya no soy yo; es Cristo quien vive en mí. Y mi vida presente en la carne la vivo en la fe del Hijo de Dios, que me amó y se entregó por mí»[12].

Este es el dinamismo profundo de la fe: comienza con un primer contacto donde Dios nos busca, nos habla y revela su rostro. La fe no nace de un razonamiento humano, sino de la iniciativa de Dios que sale a nuestro encuentro. La comunicación de la fe es esa primera luz que se enciende cuando escuchamos su Palabra y nos dejamos tocar por su amor. Abrimos el corazón y comenzamos a mirar la vida desde otra perspectiva.

Pero esa comunicación no es un fin en sí misma. La verdadera fe no se queda en un conocimiento intelectual, ni se contenta con una información sobre Dios. La fe busca siempre la comunión. Porque el amor, cuando es verdadero, no puede conformarse con la distancia. Quiere habitar, quiere unirse y compartirlo todo.

Así sucede también en nuestras relaciones humanas. No se puede amar a quien no se conoce. El amor comienza con el conocimiento, y cuanto más conocemos a alguien, más entramos en

---

[12] Gal 2, 20.

su mundo y nos dejamos interpelar por su vida. Entonces, más crece el amor y más profundo se hace el deseo de comunión.

Este es el proceso de la fe: comunicación que lleva a la comunión. Un encuentro que desemboca en un vínculo, en una participación real, en una vida compartida. No basta con saber quién es Dios. Hay que vivir con Él, en Él, de Él.

Y aquí está la clave: la comunión no es un estado emocional, ni un sentimiento pasajero. Es un misterio ontológico. Es algo que sucede realmente en nosotros cuando nos abrimos a Dios. No es sólo que nosotros busquemos a Dios; es que Dios quiere vivir en nosotros. Quiere hacer de nuestra alma su morada.

Por eso decimos que el cristiano vive en comunión con Dios como una realidad que da sentido a su existencia. La comunión es el latido mismo de la fe. Y cuando esa comunión se rompe, cuando dejamos de vivir en relación con Dios, cuando la oración se enfría y la vida sacramental se descuida, cerramos la puerta a la Palabra y la fe se convierte en una cáscara vacía. Podemos seguir cumpliendo, podemos seguir diciendo que creemos, pero habremos perdido el corazón de lo que significa ser cristiano.

Un cristiano aislado, desconectado de Dios, encerrado en sí mismo, no es un cristiano.

Porque ser cristiano es, ante todo, vivir unido a Cristo, dejar que su vida sea la nuestra.

Y esa comunión, por supuesto, no es sólo vertical, no se limita a la relación personal con Dios. La comunión con Él nos lleva necesariamente a la comunión con los demás. Porque quien vive unido a Cristo no puede vivir separado de sus hermanos. La comunión es siempre doble: con Dios y con los hombres.

Por eso, cuando decimos que somos Iglesia, lo que estamos diciendo es que somos comunión. Una comunión que tiene sus raíces en la Trinidad y que se expresa en la vida concreta de la comunidad, en la caridad cotidiana, en la búsqueda de la unidad con el otro, en la acogida mutua.

El cristiano vive en comunión o no vive en absoluto. Porque la fe es relación, es pertenencia, es amor que busca unirse y permanecer.

Vivir para la gloria de Dios

Al final del camino, cuando todas las palabras hayan sido pronunciadas, todas las obras realizadas y todas las preguntas respondidas, quedará una sola cosa: la gloria de Dios. Todo el recorrido de la vida cristiana, con su esfuerzo interior, su combate espiritual, su amor ofrecido y recibido tiene, como meta última, la gloria de Dios.

Este es el propósito más alto al que podemos aspirar. La razón que da sentido a cada paso, a cada elección, a cada latido. La gloria de Dios no es un adorno, no es un concepto teológico abstracto, no es un privilegio reservado a los místicos. Es el fin para el que hemos sido creados. Y no hay otro que pueda sostenernos en el tiempo y en la eternidad.

Todo lo demás es secundario. Medio y no fin. Así lo entendía san Pablo cuando escribía a los Corintios: «Ya comáis, ya bebáis, o hagáis cualquier otra cosa, hacedlo todo para gloria de Dios»[13].

Jesús mismo, en la hora de su entrega, cuando el peso de la cruz estaba a punto de caer sobre sus hombros, dijo: «Ahora es glorificado el Hijo del Hombre»[14]. Y no hablaba de una gloria mundana o de un reconocimiento público. Hablaba de la gloria que consiste en cumplir la voluntad del Padre, en amar hasta el extremo y devolver al Padre el amor recibido.

Vivir para la gloria de Dios es, paradójicamente, lo contrario de buscar la propia gloria. Y aquí es donde nuestra naturaleza herida nos juega una mala pasada. Porque tendemos, casi sin darnos

---

[13] 1 Cor 10,31.
[14] Jn 13, 31.

cuenta, a convertirnos en ladrones de la gloria de Dios. Nos pasamos la vida buscando ser vistos, reconocidos, aplaudidos. Queremos que las cosas nos salgan bien, que los demás nos valoren, que se hable bien de nosotros, que nuestra historia deje huella.

Queremos construir nuestra propia gloria, olvidando que toda gloria que no sea la de Dios se deshace como polvo entre los dedos. Vivimos atrapados en la necesidad de ser alguien a los ojos de los demás, de tener éxito, de que nuestra vida sea celebrada. Pero la verdad es que el único reconocimiento que vale, la única mirada que nos sostiene, es la de Dios.

La gloria de Dios no es un espectáculo lejano reservado al cielo. Como decía san Ireneo: «La gloria de Dios es el hombre vivo»[15]. La gloria de Dios se realiza cada vez que un corazón roto es sanado, cada vez que una vida que parecía perdida vuelve a encontrar su rumbo, cada vez que la dignidad de los pequeños, de los pobres, de los descartados, es restaurada.

Por eso, vivir para la gloria de Dios no significa desentenderse del mundo ni refugiarse en una espiritualidad desencarnada. Todo lo contrario. La gloria de Dios pasa por la justicia verdadera,

---

[15] Ireneo de Lyon, *Contra los herejes*, 4, 20, 5-7.

por la caridad concreta, por la misericordia vivida. Una Iglesia que sólo se preocupara de lo espiritual, que se desentendiera de las necesidades reales de los hombres y mujeres concretos, no sería Iglesia de Cristo.

Jesús nos lo enseñó con gestos y palabras: «Tuve hambre y me disteis de comer; tuve sed y me disteis de beber; fui forastero y me acogisteis; estuve desnudo y me vestisteis; enfermo y me visitasteis; en la cárcel y vinisteis a verme»[16]. La gloria de Dios se escribe en cada uno de estos gestos pequeños y ocultos, en cada acto de justicia, en cada obra de misericordia.

Por eso, el cristiano, cuando descubre que su vida tiene sentido sólo en referencia a la gloria de Dios, comprende que no puede vivir de espaldas a los demás. Que la santidad no consiste en refugiarse en un mundo cerrado, sino en abrirse al clamor de los que sufren, en construir, desde lo cotidiano, un mundo donde la dignidad de cada persona sea reconocida y custodiada.

Vivir para la gloria de Dios es vivir para los demás. Porque Dios no necesita de nuestra gloria; somos nosotros quienes necesitamos de Él para ser verdaderamente humanos.

---

[16] Mt 25, 35-36.

Y cuando uno aprende a vivir así, todo cambia. Ya no importa el aplauso, ya no importa el reconocimiento, ya no importa el éxito. Lo que importa es que, al final de los días, podamos mirar atrás y descubrir que nuestra vida, con sus luces y sombras, ha sido un humilde reflejo de la gloria de Dios.

PRIMERA MEDITACIÓN:
LA REVELACIÓN DE JESÚS
EN NUESTRA VIDA

«El milagro de las bodas de Caná, signo de otro Banquete, el de las bodas del Cordero, manifiesta que Jesús viene a encontrarse con nosotros y a convertir el agua de nuestra vida en el vino nuevo del Reino. María, nueva Eva, intercede por la humanidad que ha agotado sus propias reservas. Así comienza a manifestarse la hora de Jesús, la de su Pascua. En la presencia de María, la fe comienza a ver más allá de lo visible, hacia lo que todavía no ha llegado, pero que ya está actuando en el secreto del amor divino».

(*Catecismo de la Iglesia Católica*, cf. 2618; 1335)

EL SENTIDO DEL TIEMPO

«A los tres días hubo una boda en Caná de Galilea»[1].

Así comienza el segundo capítulo del Evangelio de san Juan. Una frase sencilla, que pasa

---

[1] Jn 2, 1.

de puntillas y sin embargo guarda un misterio profundo. San Juan, que no escribe nunca por casualidad, abre este episodio marcando un tiempo: «A los tres días». No es un simple dato cronológico. El tiempo, en sus líneas, es siempre un tejido sutil donde Dios borda su revelación.

«A los tres días», dice. Pero ¿desde cuándo? ¿Desde qué momento cuenta Juan estos tres días? Para entenderlo, habría que volver al capítulo anterior, donde todo comienza con un gesto discreto y decisivo: Juan el Bautista señala a Jesús y proclama: «Este es el Cordero de Dios que quita el pecado del mundo»[2]. Es ahí cuando los primeros discípulos —Andrés y Juan, el evangelista— comienzan a seguirle. Después encuentran a Pedro y a Santiago. Y más tarde, Jesús llama a Felipe y, a través de él, a Natanael. Y entonces, a los tres días, los encontramos en Caná, invitados a una boda.

Nada es casual. San Juan quiere que comprendamos que Dios no actúa al margen del tiempo, sino que lo habita, lo atraviesa y lo transforma. Dios utiliza el ritmo del tiempo para regalarnos una enseñanza. En Caná empieza a manifestarse su gloria, pero no de golpe, sino poco a poco, como quien va tejiendo un tapiz invisible.

---

[2] Jn 1, 29.

Y así sucede también en nuestra vida.

A veces pensamos que Dios se revela sólo en los acontecimientos extraordinarios. Pero el Evangelio de Caná nos enseña que Dios también se revela en el paso del tiempo, en los días grises, en las horas largas, en las etapas en las que nada parece suceder. Porque Dios no sólo habla a través de palabras; habla a través de historias. De tu historia.

Cada uno de nosotros podría escribir, como un evangelista silencioso, la crónica de los días en que Dios ha pasado por su vida. Días de luz y días de sombra. Días de certezas y días de preguntas. Porque nuestra vida, si aprendemos a mirarla a la luz de la fe, no es otra cosa que una historia de misericordia. Una historia tejida con aciertos y fracasos, con momentos de riqueza y tiempos de pobreza, con encuentros luminosos y con heridas que aún supuran. Y, sin embargo, en medio de todo ello, Dios nunca ha dejado de escribir.

Por eso es tan importante aprender a comprender y aceptar el tiempo. No sólo el tiempo que pasa, sino lo que pasa en el tiempo. Las cosas que nos han sucedido, las personas que hemos conocido, las pérdidas y las alegrías, los silencios de Dios y sus presencias inconfundibles… todo ello forma parte de un entramado que no siempre entendemos, pero que, contemplado desde la fe, revela la fidelidad inquebrantable de Dios.

Cada año que pasa, cada nuevo día, es distinto del anterior. Porque entre uno y otro han sucedido cosas. A veces, maravillas que agradecemos. Otras veces, heridas que todavía duelen. Pero todo ello, si miramos el tiempo con ojos de fe, no es otra cosa que el escenario donde Dios quiere manifestarse. Porque Él no se revela al margen de nuestra historia, sino a través de ella.

El libro del Eclesiastés, con su sabiduría serena y contemplativa, nos lo recuerda: «Todo tiene su momento y cada cosa su tiempo bajo el cielo: tiempo de nacer y tiempo de morir; tiempo de plantar y tiempo de arrancar; tiempo de llorar y tiempo de reír; tiempo de abrazar y tiempo de desprenderse…»[3]. Y después de enumerar todos estos tiempos, el autor concluye con una afirmación llena de belleza y de misterio: «Dios proporcionó al hombre el sentido del tiempo, pero el hombre no puede comprender la obra que Dios realiza de principio a fin»[4].

Dios nos regaló el sentido del tiempo. El tiempo no es, para el creyente, un enemigo que

---

[3] Ecl 3, 1 ss.
[4] Ecl 3, 11.

nos desgasta, ni una simple sucesión de horas y días. El tiempo es el tejido donde Dios escribe su historia de amor con nosotros. Y cuando somos incapaces de reconocerlo porque nos aferramos al resentimiento, cuando nos rebelamos contra lo que nos ha sucedido y sentimos que nuestra historia no ha sido como esperábamos, quizás es que aún no hemos entendido que Dios se revela precisamente ahí, en el paso de las horas, en el transcurso de los días, en la trama oculta de nuestra vida concreta.

A veces vivimos en confrontación con nuestra propia historia, culpando a Dios porque nos faltan cosas esenciales o el tiempo nos es adverso. Pero en Caná se nos invita a mirar nuestra vida de otro modo: como aquel espacio sagrado donde Dios espera pacientemente para manifestar su gloria.

Jesús no comienza su ministerio en un templo, ni con un gran discurso o un milagro espectacular. Comienza en una boda sencilla, en un pueblo desconocido, después de tres días de camino y encuentros. Comienza en el tiempo, en la historia, en lo cotidiano. Y ese comienzo nos enseña que también nosotros necesitamos esos tres días, ese tiempo de preparación, esa espera, para poder ver el milagro.

Dios no tiene prisa. Y quiere que tampoco nosotros la tengamos. Quiere que aprendamos a esperar, a leer los signos, a reconciliarnos con nuestra historia. Porque es allí, y no en otro lugar, donde Él quiere revelarse.

La revelación del Esposo

En Caná, Jesús comienza a darse a conocer. No tanto al mundo, sino a los suyos. A los discípulos que le han seguido y han dejado sus redes, sus certezas, sus seguridades, y que ahora contemplan —todavía tímidamente— quién es en realidad aquel al que siguen. Caná es, por tanto, una revelación. Jesús no sólo obra un milagro; se muestra, se deja ver, se desvela.

San Juan sitúa este primer signo en un contexto nupcial. No es casual. Jesús elige una boda para comenzar a mostrar su gloria. Y ese detalle no es menor: nos está diciendo, de manera velada pero firme, que su misión, su identidad, su entrega, tienen el sabor y la lógica de unas bodas.

El cristianismo no se inicia con un discurso programático. Jesús comienza a revelarse en una boda, con la fiesta del amor, con el deseo humano de ser amados y de amar. Porque, en el fondo, la gran revelación de Cristo no es otra cosa que esta: Dios es el Esposo que viene a desposarse con la humanidad. Dios no es un juez lejano, ni un soberano caprichoso, ni un moralista riguroso. Dios es un amante que se revela, que muestra su rostro, que quiere ser conocido, que quiere ser amado.

La autorrevelación de Jesús en Caná no es un espectáculo de poder; es un gesto de amor. Como lo será, más adelante, la Cruz. Porque la gloria de Dios se manifiesta no en la imposición, sino en la entrega; no en la fuerza, sino en la vulnerabilidad del amor.

Caná es un preludio, una profecía, un anuncio discreto de lo que sucederá después, cuando Jesús se revele definitivamente en la Cruz y en la tumba vacía.

Pero la revelación de Jesús no es automática ni evidente. Como ocurrió con san Pablo, camino de Damasco, nadie puede conocer a Jesús si Él mismo no se revela. Nadie puede encontrarlo si Él no se deja encontrar. La fe no es fruto de una búsqueda ansiosa, sino de una revelación gratuita. Y esa revelación tiene la delicadeza de respetar nuestros tiempos, de esperar nuestra apertura, de no imponerse a la fuerza.

Pablo, aquel perseguidor implacable, se encontró un día con la luz que lo derribó, con la voz que le llamó por su nombre: «Saulo, Saulo, ¿por qué me persigues?»[5]. Y en aquel encuentro, Pablo descubrió lo que hasta entonces había

---

[5] Hch 22, 7.

ignorado: que Jesús está en los pequeños, en los pobres, en los perseguidos. Que el Resucitado es, siempre, el Desvelado, aquel que se deja ver cuando menos lo esperamos y rompe nuestras seguridades para mostrarse como lo que es: el Esposo que ama hasta el extremo.

La palabra "revelar" tiene, además, una belleza que nos conecta también con el lenguaje nupcial. Revelar es, literalmente, quitar el velo. En las antiguas culturas orientales, las mujeres llegaban veladas al momento de las bodas, y sólo en el instante del compromiso definitivo el velo era retirado para que el esposo pudiera contemplar el rostro de su amada. Era un gesto cargado de intimidad, de ternura, de confianza.

También en la tradición de la Iglesia, incluso en algunos ritos antiguos, las novias acudían al altar veladas, y el velo era levantado en el momento en que pronunciaban el «sí» definitivo. Porque el amor verdadero siempre implica un desvelarse, un mostrarse sin defensas, un dejarse ver tal como uno es.

Y esto es, precisamente, lo que sucede en Caná. Jesús levanta el velo. Comienza a mostrar quién es en realidad. Comienza a desvelar su gloria, que no es la gloria del mundo, sino la gloria humilde y desbordante del amor que se entrega.

Jesús elige una fiesta nupcial, porque quiere que entendamos que todo ser humano lleva inscrito en su corazón un deseo profundo de amar y ser amado. Llevamos en la entraña de nuestro ser un anhelo de pertenencia y un deseo de construir en el amor. De dar vida y recibir vida.

Y es ahí, en ese anhelo fundamental, donde Dios quiere revelarse. No en los grandes discursos, no en los gestos espectaculares, sino en el deseo profundo del corazón humano por encontrarle. Porque Él es el Esposo que sale a nuestro encuentro, que nos busca, que nos llama, que levanta el velo para que podamos contemplar su rostro y descubrir, con asombro, que su gloria es el amor que nos salva.

LA FAMILIA: EL PRIMER LUGAR DONDE APRENDER EL AMOR

Que Jesús comience a revelarse en una boda quiere decir también que lo hace en el comienzo de una familia.

La familia es esa comunidad de vida que nace en un marco esponsalicio. No es ni un contrato social ni un simple arreglo humano. La familia nace del amor y para el amor. Es el espacio donde el amor toma carne, donde dos personas se comprometen a ser don el uno para el otro, y desde ahí, a abrirse a la vida, a custodiar y construir un pequeño fragmento de humanidad.

Algunos han sido llamados a fundar una familia; otros hemos recibido la vida en el seno de una familia concreta, con sus luces y sus sombras, con sus virtudes y sus límites. Pero todos, sin excepción, hemos sido marcados por esa experiencia primera: haber sido acogidos en un hogar, haber aprendido a amar y ser amados en un espacio concreto, imperfecto, real.

Y, sin embargo, cuánto nos cuesta comprender que la familia no es simplemente un refugio ni un escenario cómodo donde podemos bajar la guardia. A veces pensamos que en la familia no necesitamos cuidar el amor porque las cosas funcionan por sí mismas y, los vínculos están garantizados gracias a la sangre o la costumbre. Y ahí comienza la tentación: dar el amor por supuesto y por tanto, descuidarlo y dejar que se marchite.

La familia es, quizá, el lugar más exigente y verdadero para vivir el Evangelio. Porque es allí donde nos damos a conocer tal como somos, sin máscaras. Allí donde nuestras debilidades y heridas quedan al descubierto. Allí donde el amor no puede ser una pose, ni un discurso, y donde la paciencia y la entrega son necesarias cada día.

La santidad comienza en casa. En los pequeños gestos de cada día, en la capacidad de vivir la fe en medio de la rutina, de las tensiones, de las heridas que sólo se sufren y se curan en familia.

Quizá hoy, en un mundo donde la familia es tantas veces desdibujada, cuestionada y herida, necesitamos volver a mirar a Caná y comprender que la familia sigue siendo, en el proyecto de Dios, el primer lugar donde Él quiere revelarse. No porque sea perfecta, sino porque es real. Porque allí aprendemos lo que significa amar a pesar de todo. Porque allí descubrimos que la gloria de Dios comienza en lo más cotidiano, en lo más sencillo, en lo más vulnerable.

Y quizá, también, porque allí, en el tejido secreto de nuestras relaciones familiares, el Esposo sigue esperando que le descubramos.

LAS PARÁBOLAS NUPCIALES

Jesús no se presenta como un ideólogo, ni como un moralista, ni siquiera como un simple maestro espiritual. Él se revela como el Esposo. Como Aquel que ama y que quiere ser amado. Como el que no busca discípulos fríos, sino amigos, esposos, hijos, hermanos. Como el que entra en la historia humana no para darnos una doctrina, sino para desposarse con nuestra pobreza, con nuestra fragilidad, con nuestra sed de amor.

Por eso, a lo largo de los Evangelios, Jesús compara una y otra vez el Reino de Dios con una boda. La parábola de las vírgenes prudentes y necias, que aguardan al esposo con sus lámparas encendidas; la parábola del rey que organiza la boda de su hijo e invita a todos, incluso a los que estaban en los caminos, a los que no figuraban en la lista de los dignos.

Las parábolas de Jesús, esas pequeñas semillas de sabiduría que Él fue sembrando a lo largo de su predicación, nos revelan que el Reino de Dios es, muchas veces, como una boda. Y si uno presta atención, descubre que para poder sentarse a la mesa del banquete, hay algunas condiciones. Y la primera de ellas es sencilla y, a la vez, decisiva: ser invitado.

La invitación que lo cambia todo

Nadie entra en una boda si no ha sido llamado. Nadie se presenta por su cuenta en una celebración a la que no ha sido invitado. La vida cristiana comienza con una invitación. Antes que cualquier decisión nuestra, antes que cualquier esfuerzo, antes incluso que cualquier búsqueda, hay una llamada silenciosa y amorosa que nos precede.

Ser cristiano no es una elección personal o un proyecto propio. Es una llamada. Una invitación que brota del corazón de Dios y que nos alcanza de mil maneras, a veces de forma clara, otras veces envuelta en las circunstancias cotidianas, pero siempre como un don inmerecido.

Cuando uno se asoma a las páginas del Evangelio, descubre que la Iglesia misma es descrita como la asamblea de los invitados. La palabra que usamos para «Iglesia» procede de un verbo griego que significa precisamente eso: los llamados, los convocados. La Iglesia no es un club al que nos apuntamos. La Iglesia es, ante todo, la comunidad de los que han sido invitados a la boda del Cordero, y que han respondido.

Toda la Escritura, de principio a fin, es la historia de un Dios que invita. Desde el principio, cuando llama a Abraham a dejar su tierra. Cuando llama a Moisés desde la zarza ardiente. Cuando llama a los profetas, a los pastores, a los pequeños. Cuando llama a los discípulos, a cada uno por su nombre. Y cuando, finalmente, en el libro del Apocalipsis, se nos muestra la gran boda del Cordero, donde todos los invitados son llamados a participar de la alegría definitiva.

Nosotros hemos sido invitados. No por méritos, no por prestigio, no porque seamos mejores que otros. Simplemente porque Dios, en su gratuidad insondable, ha querido que estemos en la fiesta. Y esta invitación no es genérica, no es impersonal. Es una llamada concreta, pronunciada con nuestro nombre.

Jesús dice: «No sois vosotros los que me habéis elegido; soy yo quien os he elegido a vosotros»[6]. La iniciativa es siempre suya. Y cuando un cristiano olvida esto, corre el riesgo de convertir la fe en un esfuerzo agotador o en una posesión arrogante. Somos cristianos porque hemos sido llamados. Y porque un día, aunque quizá no sepamos precisar cuándo ni cómo, respondimos a esa llamada.

La invitación no basta con recibirla. Hay que responder. Hay que confirmar la asistencia y preparar el corazón para la fiesta. Y eso implica revisar nuestra vida, mirar con sinceridad dónde estamos, qué estamos buscando y qué respuesta queremos dar a Aquel que nos llama.

En las parábolas nupciales nos dicen, además, que quien no responde deja un vacío. Que su ausencia es un dolor para el que ha preparado el banquete. No es indiferente para Dios si aceptamos o no su invitación. Él ha soñado con nuestra presencia en la fiesta. Él nos ha pensado desde toda la eternidad. Cuando pensó el cosmos, pensó también en ti. Sabía cuándo ibas a nacer, qué rostro tendrías, qué heridas arrastrarías, qué

---

[6] Jn 15, 16.

anhelos te habitarían; y, sabiendo todo esto, quiso llamarte.

La historia de cada uno de nosotros es la historia de una invitación personal. Una invitación que atraviesa el tiempo y la historia, que se concreta en momentos determinados, en encuentros, en palabras y en silencios que han dejado huella.

Quizá un día sentiste, sin saber bien por qué, el deseo de acercarte a Dios. Quizá otro día una palabra, una persona, una circunstancia, encendió en ti una chispa de fe. Quizá hoy, al leer estas líneas, vuelvas a escuchar esa invitación antigua y siempre nueva: «Ven a la boda. Te espero».

Y lo asombroso es que esa invitación no cesa nunca. Dios no se cansa de invitar. No se cansa de llamar. No se cansa de esperar nuestra respuesta.

El traje de bodas

En aquella parábola del rey que celebra la boda de su hijo, los primeros invitados desprecian la llamada de su señor y este manda invitación a todos los que están por los caminos. Pero sucede algo desconcertante: uno de los comensales entra sin el traje de fiesta. Y el rey, al verle, se acerca y le pregunta: «Amigo, ¿cómo has entrado aquí sin el traje de boda?»[7]. Y, al no recibir respuesta, lo hace echar fuera.

A primera vista, puede parecer un gesto excesivo. ¿Qué importancia puede tener la vestimenta cuando el banquete estaba abierto a todos, incluso a los mendigos y los extranjeros? Pero Jesús, como siempre, está hablando de algo mucho más profundo que de un simple atuendo externo.

Para entrar en la boda del Reino, no basta con ser invitado. Hay que acudir con el traje adecuado. Y este traje no es una vestidura de lujo, no es una acumulación de méritos, ni la apariencia impecable de una virtud perfecta. El traje que Dios espera de nosotros es más sencillo y, al mismo tiempo, más difícil de llevar: es la humildad.

Cuando uno es invitado a un acontecimiento especial, lo primero que se pregunta es cómo presentarse. Qué ropa llevar. Qué imagen ofrecer. Bien sea para un bautizo, para una comunión o para una boda, nos preocupamos por el atuendo. Pero lo que Jesús nos enseña es que, para el gran banquete de su Reino, el traje no es de tela, ni de encajes, ni de perlas. El traje que Él espera es la conciencia de nuestra propia pobreza. La humildad desnuda de

---

[7] Mt 22, 12.

quien sabe que no merece estar ahí, pero que ha sido invitado por pura gracia.

En la vida cristiana, el traje de fiesta es, paradójicamente, el reconocimiento de nuestra necesidad. La certeza de que somos pobres, débiles, pequeños, y que, sin embargo, Dios ha querido hacernos partícipes de su alegría.

En la Basílica de la Natividad, en Belén, la puerta de entrada es estrecha y baja. Tanto, que para atravesarla hay que inclinarse y agachar la cabeza. Hay que renunciar a la altura. Cuentan que fue diseñada así para que los poderosos de la época no pudieran entrar a caballo, para que todos, sin excepción, tuvieran que bajarse de su montura, desprenderse de su orgullo, y reconocer la pequeñez del Dios hecho niño.

Así es también la puerta del Reino. Hay que entrar de rodillas, inclinarse. Hay que desprenderse de la autosuficiencia, del juicio, de la pretensión. Dios no es un colega, ni un socio, ni un servidor que deba rendirnos cuentas. Dios es el Esposo que, por puro amor, nos ha invitado a su fiesta. Y sólo quien lo entiende, sólo quien reconoce que no lo merece, puede entrar y permanecer en el banquete.

Antes de recibir la comunión, la Iglesia nos hace repetir aquellas palabras humildes y audaces: «Señor, no soy digno de que entres en mi casa»[8]. No es una frase de autodesprecio, sino una proclamación de verdad. Porque el misterio que celebramos y al que somos invitados no es obra nuestra. Todo es gracia. Todo es don de Dios.

Y si queremos gozar verdaderamente de esa dimensión nupcial que atraviesa el Evangelio y vivir la fe como un encuentro de amor, necesitamos vestirnos con ese traje interior que no reluce a los ojos del mundo, pero que es precioso a los ojos de Dios: la pobreza aceptada, la debilidad reconocida, la humildad que se sabe invitada sin mérito propio.

Porque sólo quien entra despojado de sí mismo puede dejar espacio para el amor que todo lo llena.

La puntualidad del corazón

Hay un tercer detalle que Jesús nos deja entrever cuando habla de las bodas del Reino: para entrar en la boda, no basta con ser invitado ni con llevar el traje adecuado. También hay que llegar a tiempo.

En las antiguas bodas, la puntualidad no era un simple gesto de cortesía sino un signo de respeto y compromiso del que verdaderamente

---

[8] Mt 8, 8.

quiere participar en la alegría del banquete. Y Jesús, en sus parábolas, recoge esta imagen y la convierte en un aviso amoroso para todos los que somos invitados al Reino.

Recordamos bien la parábola de las vírgenes prudentes y las vírgenes necias. Las prudentes, que habían preparado sus lámparas y las mantenían encendidas, esperaban la llegada del esposo con vigilante paciencia. Las necias, en cambio, no trajeron aceite suficiente y, cuando fueron a buscarlo, el esposo llegó, las puertas se cerraron y la fiesta comenzó sin ellas. Cuando regresaron, ya era tarde. Y escucharon unas palabras terribles: «No os conozco»[9].

Este detalle nos interpela con fuerza: hay un momento oportuno para responder a la invitación de Dios. Un tiempo de gracia, un "hoy" en el que el Señor pasa por nuestra vida y nos llama. Y no podemos vivir eternamente postergando esa respuesta.

A veces pensamos que siempre habrá tiempo, que la vida es larga y mañana será un buen día para volvernos a Dios, para cambiar, para entregarle el corazón. Pero el tiempo de Dios es hoy. El tiempo de la salvación es siempre ahora.

Cuando despreciamos esa invitación una y otra vez, cuando aplazamos indefinidamente

---

[9] Mt 25, 12.

la llamada y vivimos entretenidos u ocupados, puede suceder algo: no es que Dios deje de llamar, sino que nosotros dejamos de escuchar. Nuestro corazón se vuelve insensible, y dejamos pasar los trenes de la gracia sin ni siquiera darnos cuenta.

Dios tiene una paciencia infinita, pero también un respeto absoluto por nuestra libertad. Él no irrumpirá a la fuerza ni derribará la puerta de nuestro corazón. Llamará y esperará. Pero, hay un tiempo para abrir. Y si no lo hacemos, no será porque Él se canse, sino porque nosotros nos daremos la vuelta. Un día nos encontraremos ante las puertas cerradas. Y no será por castigo sino porque hemos dejado pasar el momento.

El cristianismo no es la religión del "mañana". Es la fe del "hoy". San Pablo lo recordaba con fuerza a los primeros cristianos: «Ahora es el tiempo favorable, ahora es el día de la salvación»[10]. Porque cada día que Dios nos concede es una nueva invitación, un nuevo banquete, una nueva posibilidad de entrar.

No podemos vivir de espaldas a esta llamada de Dios diciéndole constantemente: «Mañana, cuando tenga tiempo, cuando me jubile, cuando termine este proyecto, cuando me arregle la

---

[10] 2 Cor 6, 2.

vida…». Porque la vida verdadera no comienza mañana. La vida verdadera comienza hoy.

Y esto nos llama también a vivir atentos, despiertos y vigilantes. A no dejar que la rutina, la indiferencia, el ruido del mundo apaguen nuestro deseo de eternidad. A vivir cada día como si fuera el día de la boda, como si hoy mismo el Esposo viniera a buscarnos.

Porque en realidad, Él viene cada día. En cada Eucaristía, con su Palabra, en cada momento de gracia que tantas veces pasa desapercibido. Y sólo quien vive con el corazón despierto podrá entrar y sentarse a la mesa del Reino.

El amor verdadero no llega tarde. Y Dios espera que el nuestro tampoco lo haga.

Sin excusas: cuando el amor es lo primero

Las parábolas de Jesús, cuando describen la boda como imagen del Reino, nos ofrecen aún un cuarto elemento esencial para poder entrar y participar de la fiesta: hay que superar las excusas. Y es sorprendente —y también revelador— que en esas parábolas siempre haya quienes, al recibir la invitación, comienzan a poner pretextos. Unos dicen: «No puedo ir porque me he casado»[11]. Otros: «He

---

[11] Lc 14, 20.

comprado un campo y tengo que ir a verlo»[12]. Otros más: «Tengo unos bueyes que atender»[13]. Siempre hay una razón para no ir, siempre hay un "ahora no", siempre hay un "más adelante".

Jesús conoce bien el corazón humano y sabe que pocas cosas son tan fáciles de fabricar como una excusa. Siempre hay un motivo para no ser de Dios. Siempre encontramos un argumento para posponer la entrega, para justificar la tibieza e impedir que Dios sea lo primero.

Las excusas pueden tener mil formas y, a veces, incluso pueden sonar razonables y justificadas. Afirmaciones como que soy mayor, que ya no tengo fuerzas, que me cuesta mucho, que estoy muy ocupado, que la familia me reclama, el trabajo me absorbe, los niños necesitan mi atención, el descanso es necesario o que los fines de semana están para disfrutarlos.

Y así, poco a poco, sin darnos cuenta, vamos dejando a Dios para el final. Como si Él fuera un segundo plato al que podemos posponer cuando la agenda nos lo permita y ya hayamos hecho todo lo demás.

Si Dios es lo último, si siempre le dejamos las sobras de nuestro tiempo y de nuestra atención,

---

[12] Ibid. 14, 18.
[13] Cf. Ibid. 14, 19.

difícilmente podremos entrar en la dinámica del Reino. Sin embargo, si Dios es lo primero, todas las demás cosas encuentran su sitio y su medida.

La cuestión no es la hora, ni el cansancio, ni las ocupaciones. La cuestión es si hemos aprendido a vivir sin excusas. Si hemos comprendido que Dios merece lo mejor de nuestro día, lo mejor de nuestra vida. Que la invitación al banquete no puede ser postergada indefinidamente.

Porque al final, las excusas no son un problema de agenda, sino de amor. Cuando alguien es importante para ti, haces espacio. No buscas excusas; buscas maneras. No pospones; priorizas.

Dios no nos pide que abandonemos nuestras responsabilidades, ni que descuidemos los bienes y los afectos legítimos que forman parte de nuestra vida. Lo que nos pide es que entendamos que todo eso encuentra su verdadero sentido sólo cuando Él es lo primero.

Por eso, en las parábolas, quienes ponen excusas terminan quedándose fuera del banquete. No porque Dios no los ame, sino porque ellos han preferido otra cosa. Porque han creído que había algo más importante, más urgente, más necesario.

Y quizá esta es una de las preguntas más serias que el Evangelio nos hace: ¿Qué lugar ocupa Dios en tu vida? ¿Es lo primero, o lo que queda cuando todo lo demás ha sido atendido?

El Reino de Dios es una boda, un banquete, una fiesta. Pero nadie puede entrar si vive siempre buscando excusas o priorizando las cosas del mundo. La puerta está abierta para los que han aprendido a dejarlo todo por el Amor que lo merece todo.

La alianza sellada con sangre

Aún nos queda por subrayar un último detalle que, en realidad, atraviesa toda la Escritura y toda la vida cristiana: la revelación de Dios sucede siempre en el marco de una alianza.

Desde los antiguos relatos del Antiguo Testamento hasta el último libro del Apocalipsis, Dios se nos presenta como Aquel que establece una alianza con su pueblo. Una alianza que no es un contrato frío, sino un pacto de esposos, un compromiso de amor irrevocable. En la alianza de Moisés, la sangre de los toros fue derramada como signo de aquel compromiso. En la nueva alianza, la que inaugura Jesús, la sangre derramada es la suya.

Por eso, en Caná, el signo no es sólo el agua convertida en vino. Es mucho más: es el anticipo de la sangre que será derramada en la Cruz. El vino de Caná no es sino un anuncio velado de la Eucaristía, donde el Esposo dará su vida por la esposa, por la humanidad entera. A la vez somos invitados a hacer lo mismo que Cristo realizó en Caná.

Esta clave nos invita a una pregunta profunda: ¿Con quién, por quién, estás dispuesto a derramar tu vida? Porque vivir la fe en clave esponsalicia no es un sentimiento romántico ni una devoción estética. Es un compromiso real, concreto, cotidiano, que implica estar dispuesto a dar la vida por amor.

Quizá en nuestra historia personal esto se concreta en el matrimonio, en la familia, en la paternidad o maternidad. Quizá en la vocación sacerdotal, religiosa, o en una vida sencilla, escondida, aparentemente anónima. Pero la pregunta sigue siendo la misma para todos: ¿En qué has gastado tu vida? ¿Por quién has derramado tu sangre?

Derramar la sangre no siempre significa morir mártir, ni realizar gestas heroicas. A menudo significa ir perdiendo la vida poco a poco en el don cotidiano. En el esfuerzo diario, en las renuncias silenciosas, en el cuidado de los otros, en la entrega sin aplausos ni reconocimientos.

A veces lo vemos con claridad en esas vidas que parecen, desde fuera, simples, ordinarias, casi invisibles. Una madre de familia que ha pasado la vida cocinando, limpiando, cuidando, amando en lo pequeño. Un padre que ha trabajado duro para sostener a los suyos. Una mujer o un hombre que han vivido para los demás sin esperar nada a cambio. Vidas aparentemente sencillas, pero infinitamente grandes. Porque han sido vidas derramadas, vidas entregadas, vidas que han dicho «sí» a la alianza del amor.

A veces, incluso quienes parecen grandes desde fuera, quienes ocupan puestos, quienes reciben aplausos, pueden no haber derramado una sola gota de su vida por amor. Porque lo que da valor a la existencia no es lo visible: es la sangre derramada en lo escondido. Es la capacidad de perder la vida para ganarla, como nos enseñó el mismo Jesús: «El que pierda su vida por mí, la encontrará»[14].

¿Qué es lo que da valor a tu vida? ¿Dónde has invertido tu tiempo, tu energía, tu corazón? ¿A quién has amado hasta el punto de perderte a ti mismo?

No importa tu estado de vida: casado, separado, soltero, viudo, sacerdote, consagrado. Lo que importa es si has aprendido a amar como ama el Esposo, como ama Cristo, con sangre derramada, con vida entregada.

Porque cuando, al final de los días, miremos hacia atrás, lo único que quedará será la medida

---

[14] Mt 16, 25.

en que hemos sabido amar, la sangre que hemos vertido libremente por aquellos que Dios ha puesto en nuestro camino.

Esa es la verdadera grandeza. Esa es la clave para entender el milagro de Caná. Esa es la pregunta con la que cerramos este primer tramo de la contemplación: ¿En quién, con quién, quieres gastar y perder tu vida?

SEGUNDA MEDITACIÓN:
LA HUMILDAD

«La humildad es la disposición para recibir gratuitamente el don de la verdad. El hombre sólo es plenamente verdadero cuando reconoce su dependencia radical de Dios. La humildad es la base de la oración, pues "el hombre es un mendigo de Dios" (cf. San Agustín). La fe es ya un primer acto de humildad: acoger la verdad revelada no por evidencia racional, sino por la confianza en la Palabra de Dios que no puede engañarse ni engañarnos. "Dios resiste a los soberbios, pero da su gracia a los humildes" (St 4, 6)».

(*Catecismo de la Iglesia Católica*, 2559; 153; 300; 144)

CUANDO FALTA EL VINO:
VIVIR EN LA VERDAD Y LA HUMILDAD

La transformación del agua en vino podría parecernos a primera vista un detalle menor o un simple recurso narrativo. Pero en la Escritura nada es trivial. La elección del vino como signo no es un capricho. En toda la Biblia, si uno recorre sus páginas con el alma despierta, encontrará que sólo tres bebidas son mencionadas con un sentido simbólico profundo más allá de la mera utilidad: el agua, la leche y el vino. Y cada una de ellas habla de algo esencial.

El agua es vida, es fecundidad, es limpieza y frescura para el sediento. La leche es alimento maternal, es crecimiento, es infancia sostenida y cuidada. Y el vino... El vino es mucho más que una bebida: es símbolo de la alegría, de la plenitud, de la fiesta que no termina. La Escritura canta al vino como compañero de la celebración, como signo de la abundancia, como anuncio de un tiempo nuevo y fecundo.

Pero la Biblia no es ingenua. Con sabiduría de siglos conoce también la ambigüedad del vino, el doble filo de su naturaleza. Desde los albores de la humanidad nos lo recuerda. Noé, tras la gran prueba del diluvio, planta una viña, cosecha su fruto y bebe del vino... Al no saber guardar la medida, se expone a la vergüenza y al ridículo[1]. Lo que debía ser don se convierte en tropiezo. Lo que debía ser alivio se vuelve herida.

---

[1] Gn 9, 21.

Y es que la alegría, cuando se busca como un absoluto, cuando no acepta límites, cuando no reconoce su origen y su fin, puede transformarse en esclavitud. Lo que nació para ungir el alma puede acabar confundiéndola. La búsqueda desordenada de la plenitud desemboca, muchas veces, en una tristeza más profunda.

Por eso, los santos Padres hablaban con ternura y sabiduría de la «sobria embriaguez» del Espíritu. Una alegría verdadera, honda, serena, que llena sin embotar, que embriaga sin enloquecer, que nace de la presencia viva de Dios y no de los excesos del mundo. Una alegría que no se agota ni embriaga los sentidos, sino que dilata el corazón.

El primer milagro de Jesús no comienza en la abundancia, sino en la falta. No brota de la plenitud, sino de la carencia. El motivo que desencadena la revelación no es la fiesta que continúa, sino el vino que se acaba. Y es en esa escasez donde la gloria de Dios empieza a asomar.

Esto no es un simple detalle narrativo. Es un retrato fiel y compasivo de nuestra condición humana. Nuestra vida está marcada por la escasez, por los límites, por la herida de la falta. Somos criaturas finitas, frágiles, necesitadas. Y cuando nos negamos a aceptar esto por no querer mirar de frente nuestra dependencia y nuestra pequeñez, caemos en la trampa de convertir nuestros deseos en derechos, nuestras aspiraciones en exigencias absolutas.

Vivimos, hoy más que nunca, en un mundo que ha aprendido a decir: «Si lo deseo, lo merezco». Un mundo que ha olvidado que los deseos son infinitos, pero la vida es finita. Un mundo que no quiere aceptar la falta, la carencia, el límite. Que ha confundido los sueños con los derechos, y ha hecho de la frustración un estilo de vida.

No es difícil verlo. Basta abrir los ojos. Hay quienes piensan que tienen derecho a todo lo que desean: a ser madre o padre a cualquier precio, a la salud perfecta, a una vida plena y cómoda sin esfuerzo ni renuncia, a la felicidad inmediata. Y cuando la realidad no responde a sus expectativas, asoman la queja, la rabia y el vacío.

Sin embargo, la vida humana está hecha de otra materia. Hemos sido llamados a aprender a vivir con límites, a aceptar que las cosas se ganan, que no todo se cumple y que no siempre los hechos suceden como quisiéramos. Y es en ese espacio vacío donde Dios quiere revelarse.

Me viene a la memoria una pequeña maestra de espiritualidad que tuve durante años, sin que ella lo supiera. Una niña de la parroquia, Carmencita, con síndrome de Down, que cada diciembre me daba una lección sencilla y desarmante. Cuando se acercaba la Navidad, yo solía preguntarle: «¿Qué le has pedido a los Reyes?». Y ella, con los ojos iluminados y la sonrisa abierta, me respondía siempre lo mismo: «Todo el catálogo».

Todo el catálogo. ¿No somos todos un poco así? Le pedimos a Dios que nos conceda todo cuanto deseamos: una vida cómoda, una familia perfecta, salud inquebrantable, reconocimiento, seguridad, amor correspondido. Y cuando no recibimos todo el catálogo, nos enfadamos, nos frustramos, nos sentimos decepcionados.

Pero el Evangelio nos enseña que la falta de vino no es un fracaso ni un accidente desafortunado. Es la ocasión para el milagro. La carencia es el lugar donde Dios actúa. La falta no es el final de la fiesta; es el principio de la revelación.

Vivir en la verdad es, ante todo, reconocer esto: que no todo lo que deseo es necesario para ser feliz. Reconocer que la vida no tiene que cumplir mis expectativas para ser plena. Que el proyecto de felicidad que Dios ha trazado para mí puede no coincidir con el que yo había imaginado, y que, sin embargo, es infinitamente mejor, aunque ahora no lo comprenda.

«Mis caminos no son vuestros caminos» —nos dice el Señor por boca del profeta—[2]. Y,

_____
[2] Is 55, 8.

muchas veces, sus caminos pasan por la cruz y el dolor.

Vivir en la verdad es, por tanto, vivir en la humildad. Reconocer que somos frágiles y dependientes. Que nuestra vida no se sostiene por sí sola. La plenitud no está en poseerlo todo, sino en abrir espacio para que Dios lo llene todo.

Jesús nos lo dijo de manera luminosa y sencilla: «Yo soy la vid, vosotros los sarmientos. Permaneced en mí»[3]. Porque fuera de Él, la vida se seca, los deseos se vuelven exigencias insaciables y la alegría se escapa.

Aceptar que nos falta el vino es el primer paso para que el milagro pueda comenzar. Sólo cuando reconozcamos la falta nos dejaremos alcanzar por la verdad de nuestra fragilidad. La gracia puede irrumpir y transformar el agua de nuestra vida en vino nuevo.

VIVIR EN LA VERDAD: ACEPTAR
LA FALTA Y ABRAZAR LOS LÍMITES

Uno de los mayores obstáculos en el camino de la fe no es la duda intelectual ni el pecado visible. Es algo más sencillo y cotidiano. Se trata del desconcierto interior que nos habita cuando la

---

[3] Jn 15, 5.

vida nos duele, la realidad nos hiere y no logramos comprender por qué. Son esos momentos en que la existencia parece quebrarse sin razón y nos sentimos desbordados por el sufrimiento, la pérdida o la frustración.

En ese momento, y desde lo más hondo del alma, se eleva una pregunta que no siempre formulamos en voz alta: «¿Por qué, Señor? ¿Por qué permites esto?».

Jesús, el hombre más libre y más feliz que ha pisado esta tierra, fue también el que más sufrió. La Virgen María, la mujer más bendita y llena de gracia, vivió su vida bajo la sombra de la cruz. Y ambos nos enseñan que la verdadera felicidad no consiste en la ausencia de dolor, sino en la presencia de Dios en medio de todo.

A veces esa pregunta no tiene respuestas; es un suspiro contenido, un grito ahogado, una queja muda que se instala en el corazón y nos acompaña como una sombra. ¿Por qué le sucede esto a mi hijo, a mi hermana, a mí? ¿Por qué este dolor, esta pérdida, este fracaso? Y sin darnos cuenta, nos encontramos colocando a Dios en el banquillo de los acusados, exigiéndole explicaciones, como si tuviera que justificar cada grieta de la vida, cada herida, cada ausencia.

No somos los primeros en hacerlo. Desde el principio, el ser humano ha buscado razones al sufrimiento. El libro de Job es el testimonio más lúcido y compasivo de este desconcierto. Nos muestra la historia de un hombre justo, recto, temeroso de Dios, que ve cómo su vida se desmorona sin motivo aparente. Y ante el peso de su dolor, se atreve a interpelar a Dios, mientras sus amigos, con buenas intenciones y escasa sabiduría, intentan explicarle lo inexplicable, buscar razones donde sólo hay misterio.

La respuesta de Dios, cuando finalmente llega, no es un razonamiento lógico ni una explicación minuciosa. No le ofrece a Job un mapa para entender cada detalle de su desgracia. Lo que le ofrece es algo mayor y más profundo: una invitación a mirarle a Él. A recordar quién es Dios y quién es el hombre. A reconocer que hay un Misterio que nos sobrepasa y, sin embargo, nos sostiene.

Y esa verdad, por desconcertante que parezca, es sencilla y luminosa: hemos sido llamados a la vida, pero no somos sus dueños. Hemos sido llamados a la felicidad, pero no a la medida de nuestros deseos.

Cuando Jesús proclama en el Sermón de la Montaña: «Bienaventurados los pobres de espíritu»[4], está señalando la puerta estrecha por la que comienza todo camino espiritual. La pobreza de

---

[4] Mt 5, 3.

espíritu no es indigencia material; es la actitud humilde del alma que reconoce que nada le pertenece, que todo lo ha recibido y que su existencia entera es don de Dios.

Nos aferramos, sin darnos cuenta, a nuestras seguridades, a nuestras posesiones y a nuestras expectativas: mi casa, mis hijos, mi vida, mis planes. Pero en realidad, nada de eso nos pertenece por derecho. Todo es gracia, todo es prestado, todo nos ha sido confiado por un tiempo. Y cuando olvidamos esto, nos invade la frustración, lista para devorarnos en cuanto la realidad nos contradice.

Este olvido es el origen de tantas heridas y desencuentros con Dios y con la vida. Porque cuando exigimos que la realidad se ajuste a nuestros deseos, cuando creemos que la felicidad consiste en que todo salga según nuestros planes, nos condenamos a vivir en la queja permanente y en la insatisfacción crónica.

Sin embargo, la verdad es otra. La fe nos enseña que el cristiano sólo tiene un derecho esencial, un derecho que no puede ser arrebatado ni condicionado: ser amado por Dios. Todo lo demás —la salud, la familia, el reconocimiento, la seguridad— es don, es gracia, es regalo que no puede ser exigido ni garantizado.

Vivir en la verdad es, por tanto, aprender a mirar la vida desde la mirada de Cristo y desde su corazón humilde y pobre. Es aceptar que nuestra historia, con sus luces y sus sombras, con sus heridas y ausencias, es un camino único e irrepetible hacia la plenitud. Es reconocer que hay un amor que nos acompaña incluso cuando no lo sentimos, que nos sostiene incluso cuando todo parece derrumbarse.

Vivir en la verdad es también aprender a dar gracias, no sólo por lo que hemos recibido, sino también por lo que nos ha sido negado. Por lo que no ha sucedido. Por aquello que no fue. Porque, muchas veces, lo que nos ha faltado nos ha preservado de perdernos. Lo que no hemos tenido nos ha hecho más ligeros, más humildes, más capaces de abrirnos a Dios y a los demás.

Existe un modo profundamente cristiano de mirar la vida. Consiste en bendecir a Dios por todo lo que tenemos y por aquello que nos falta. Se trata de reconocer que Dios escribe recto incluso en las líneas torcidas de nuestra existencia.

Cuando María, en Caná, se acerca a Jesús y le dice: «No tienen vino», no formula una queja, ni un juicio, ni una exigencia. Simplemente constata la realidad. Nombra la falta. Y ese acto humilde, sencillo y veraz, abre la puerta al milagro. No exige, no manipula, no fuerza. Nombra la carencia y la entrega.

Quizá este sea uno de los aprendizajes más decisivos de la vida espiritual: aprender a aceptar lo que nos falta. Aprender a convivir con nuestros límites, con nuestras fragilidades, con lo que nunca fue ni será. Aprender a bendecir incluso el hueco de nuestras manos vacías. Porque, si nos lo diera todo, dejaríamos de buscarle. Si no nos faltara nada, dejaríamos de necesitarlo. Y entonces, paradójicamente, estaríamos más pobres que nunca.

Vivir de espaldas a la realidad, negando los límites, exigiendo que la vida sea otra, nos conduce inexorablemente a la frustración, a la rabia y al resentimiento. Nos hace esclavos de un ideal inalcanzable y nos impide reconocer la belleza escondida en lo que somos y tenemos.

El Evangelio nos muestra que Jesús no se desentendió del sufrimiento. Él mismo se hizo pobre, se hizo vulnerable, abrazó nuestras heridas. No se mantuvo al margen de nuestra necesidad, sino que descendió hasta lo más hondo de nuestra pobreza para encontrarnos allí.

«Tuve hambre y me disteis de comer; tuve sed y me disteis de beber; estuve desnudo y me vestisteis…»[5]. Nos lo dijo claramente: Él está en cada carencia, en cada límite, en cada falta. No porque goce con nuestro sufrimiento, sino

---

[5] Mt 25, 35-36.

porque ahí, y sólo ahí, podemos aprender a de-pender de Él, a abrirle espacio, a dejar que Él sea nuestro todo.

Vivir en la verdad es, al final, aprender a ser pequeños. Como un niño que no puede vestirse solo, que no puede defenderse solo, que necesita de los brazos de su madre, de la mirada de su padre para sostenerse y crecer.

Jesús nos lo enseñó con palabras suaves y exigentes: «Aprended de mí, que soy manso y humilde de corazón, y encontraréis descan-so para vuestras almas»[6]. Porque la humildad y la mansedumbre son las puertas de la paz. Sólo quien reconoce que no tiene todo, que no puede todo, que no es todo, puede vivir en la verdad y en la alegría.

La grandeza de ser pobre y amado

Hay un hilo conductor que atraviesa de princi-pio a fin toda la Sagrada Escritura, un susurro constante que, sin embargo, cuesta aceptar: no somos autosuficientes. Somos mendigos de sentido, de amor, de plenitud. Llevamos ins-crita en lo más hondo del alma una herida de necesidad.

---

[6] Mt 11, 29.

Es desde esa indigencia desde donde nos abrimos con confianza a la relación. No tenemos nada que perder. El pobre pide. El pobre sabe que no puede bastarse. Por eso, en el Evangelio, los ricos son presentados tantas veces como símbolo de lo que no está bien. No porque la riqueza sea, en sí misma, un mal, sino porque la autosuficiencia espiritual, la falsa sensación de no necesitar nada ni a nadie, es el mayor obstáculo para la gracia.

«A los hambrientos los colma de bienes, y a los ricos los despide vacíos»[7] —proclama María en su Magníficat, con la sabiduría sencilla de quien ha aprendido que sólo las manos vacías pueden ser llenadas—. No porque Dios desprecie a los ricos, sino porque no puede llenar las manos de quien ya las tiene ocupadas. No puede colmar el corazón de quien no reconoce su necesidad.

Esta es una clave esencial del cristianismo, aunque a menudo la olvidemos: somos indigentes delante de Dios. Y no sólo al comienzo de nuestro camino espiritual, sino siempre. De aquí hasta el último día de nuestra vida, seremos pobres, sedientos, necesitados de todo lo que Dios

---

[7] Lc 1, 53.

quiera regalarnos. Y esta pobreza no es una desgracia, sino la puerta abierta al amor.

Por eso no debemos temer pedir. Pedir no es indigno; al contrario, es signo de humildad y confianza. Jesús mismo nos lo enseñó con ternura: «Pedid y se os dará, buscad y encontraréis, llamad y se os abrirá»[8]. Pero fíjate bien: no dice «se os dará lo que pedís», sino simplemente «se os dará». El don, siempre, es suyo; el contenido, a veces, no será el que habíamos imaginado, pero el don es seguro. Porque el Padre sabe lo que necesitamos, incluso cuando nosotros no lo sabemos.

Pedir es reconocer que no podemos solos. Es confesar que somos pobres, que dependemos de Otro, que necesitamos ser sostenidos.

Por este motive, Dios elige a los pobres. No porque sean mejores, ni más dignos, ni más fuertes, sino porque, al ser pobres, pueden ser llenados por Él. Porque sólo quien reconoce su indigencia puede abrir las manos para recibir.

Es aquí donde conviene hacer una aclaración importante. No debemos confundir la conciencia de nuestra pobreza con la autodestrucción interior o el desprecio de uno mismo. A veces, quien se reconoce limitado, pecador, pequeño, cae en la trampa de la amargura, de la autocrítica

---

[8] Mt 7, 7.

cruel, del rechazo de sí mismo. Como si ser pobre fuera algo vergonzoso, indigno, inaceptable.

La Escritura, sin embargo, nos recuerda que somos barro, sí, pero un barro modelado por las manos amorosas de Dios[9]. Un barro que lleva en sus grietas la huella de un Creador que no se cansa de amar. En nuestra pequeñez, no debemos olvidar que somos únicos e irrepetibles para Él.

Nuestra historia, si la miramos con ojos limpios, es una historia de límites, de errores, de carencias. Pero es también una historia habitada por la gracia. Porque Dios no se asusta de nuestra pequeñez. No se echa atrás ante nuestras faltas. No nos ama a pesar de ellas, sino precisamente por ellas. La verdadera tragedia no es ser pobre, sino no reconocerlo. No es necesitar, sino vivir como si no necesitáramos de nadie.

Cuando el alma ya no siente sed de Dios, cuando el corazón no reconoce su pobreza, entonces sí estamos verdaderamente perdidos. Porque hemos cerrado la puerta a la gracia, hemos endurecido el corazón, hemos dejado de buscar.

Por eso, la falta de vino en Caná no es sólo un detalle anecdótico; es un retrato de nuestra verdad más profunda. Somos criaturas necesitadas de

---

[9] Cf. Gn 2, 7.

alegría, de sentido, de plenitud. Y esa plenitud no la producimos nosotros; la recibimos.

Pero para recibirla, antes hay que mirar nuestra vida con serenidad y preguntarnos: ¿Estoy reconciliado con mi historia? ¿He aceptado mis límites, mis pecados, mis heridas? ¿O sigo peleando contra un pasado que no puedo cambiar, soñando con un futuro que no puedo controlar?

Dios, cuando pensó en ti, lo sabía todo. Sabía tu pasado, tu presente y tu futuro. Conocía tus caídas, tus torpezas, tus renuncias, tus pecados. Y aun así —o precisamente por eso— decidió que merecía la pena que existieras. Te quiso desde siempre, conociendo de antemano todo lo que hoy te pesa o te avergüenza.

Ese es el amor de Dios: un amor que no se asusta de tu pequeñez y que te ama tal cual eres. Un amor que siempre dice "sí" incluso cuando tú dices "no". Como un padre o una madre que, aun cuando el hijo se equivoca, sigue amando con un amor que no se negocia.

Escucha bien. No existe en este mundo una relación más hermosa, más verdadera, más sólida que la que podemos tener con Dios. No hay amor humano —por bueno, por noble, por sincero que sea— que pueda alcanzar la profundidad y la fidelidad del amor que Dios tiene por ti.

Dios no te ama porque seas perfecto. Te ama porque eres su hijo. Y su amor no depende de tu respuesta. Aunque le digas que no, aunque le cierres la puerta, aunque te alejes. Él seguirá siendo tu Padre y seguirá esperándote. Su amor es más fiel que nuestras infidelidades, más fuerte que nuestras resistencias.

Vivir en la verdad es aprender a descansar en esa certeza. Como dice el salmo: «Señor, mi corazón no es ambicioso, ni mis ojos altaneros; no pretendo grandezas que superan mi capacidad. Sino que acallo y modero mis deseos, como un niño en brazos de su madre»[10]. Ahí está la clave de la fe: dejarse acunar por Dios, saberse pequeño, dependiente, amado.

En Caná, cuando María dice: «No tienen vino», está haciendo más que señalar un problema logístico. Está nombrando la verdad. Está describiendo a la humanidad entera: no tenemos vino. Nos falta la alegría, nos falta la plenitud, nos falta la gracia. Y esa falta sólo puede ser colmada por Aquel que nos ama con un amor sin medida.

La invitación es clara y sencilla: reconcíliate con tu pequeñez, bendice tus límites, acepta tu historia y, sobre todo, déjate amar. Porque

---

[10] Sal 131.

no hay en este mundo nada más grande, más decisivo, más verdadero que ser hijo de Dios y sentirse amado por Él.

La verdad de nuestra dependencia

Si miramos con honestidad nuestro corazón y contemplamos con atención nuestra historia, si dejamos de lado las máscaras y los disfraces, descubriremos una verdad sencilla y luminosa: somos radicalmente dependientes. Nuestra vida entera está sostenida, desde el primer instante, por un amor que no nos pertenece.

Dependemos de muchas cosas y de muchas personas. Desde el primer aliento, necesitamos que alguien nos cuide, nos alimente, nos abrace, nos proteja. Venimos al mundo desnudos y vulnerables, y sólo podemos sobrevivir porque alguien nos acoge. A lo largo de la vida, seguimos necesitando de otros: de sus gestos, de su amor, de su generosidad, incluso de sus límites y de sus errores, que también nos han configurado.

Pero hay una dependencia más profunda y radical que atraviesa todas las demás. Una dependencia que no caduca y no desaparece cuando crecemos. Una dependencia que permanece incluso cuando ya nadie nos sostiene en brazos: nuestra dependencia absoluta de Dios.

Somos criaturas. Y como tales, necesitamos de Alguien que nos sostenga, que nos mire, que nos ame, que nos dé vida a cada instante. Somos, por naturaleza, mendigos de Dios.

Y, sin embargo, en nuestra cultura, esa dependencia nos incomoda. Nos han enseñado que la libertad consiste en no depender de nadie, en bastarnos a nosotros mismos y no necesitar de otro para vivir. Pero esa ilusión de autosuficiencia no nos hace libres; nos hace solitarios.

El deseo actual de independencia absoluta no es un signo de madurez, sino de orgullo y de miedo. Porque la verdad de la vida es otra: somos profundamente dependientes los unos de los otros, y en última instancia, radicalmente dependientes de Dios. Nuestra libertad no consiste en negar esa dependencia, sino en acogerla con confianza y gratitud.

Cuando Jesús dice en el Evangelio: «Sólo una cosa es necesaria»[11], no está proponiendo un ideal inalcanzable ni una renuncia amarga. Nos está recordando que todo lo demás es accesorio, relativo y pasajero. Que la única necesidad verdadera, la única que permanece, es la relación viva y confiada con Dios. Porque todo lo demás

---

[11] Lc, 10, 42.

—las personas, los proyectos, la salud, la seguridad— es frágil y pasajero.

¿Quién no ha sentido alguna vez que la vida se tambalea porque alguien a quien amábamos ya no está? ¿Quién no ha experimentado el vértigo de descubrir que había puesto su felicidad en una persona, en un proyecto, en un sueño... y que, un día, todo eso se vino abajo?

Y, sin embargo, si miramos con atención nuestra historia, descubriremos que siempre ha habido un amor que no nos ha abandonado. Un amor silencioso, fiel, paciente, que nos ha sostenido incluso cuando no lo veíamos: el amor de Dios.

Vivir en la verdad es reconocer que nuestra vida entera está sostenida por ese amor. Que dependemos radicalmente de Él. Todo lo demás —las personas, los bienes, los proyectos, los afectos— son dones pasajeros, valiosos pero contingentes. Lo único necesario, lo único que permanece, es la certeza de ser sostenidos, amados y buscados por Dios.

La soberbia, en cambio, es la negación de esta verdad. La vanidad, la autosuficiencia, el sentirse dueño de la vida, son los grandes engaños que nos alejan. Porque no existe el hombre que se haya hecho a sí mismo. Todos venimos de otros. Todos hemos sido sostenidos, cuidados, acompañados y amados. Nadie se basta a sí mismo.

Y esto no es humillante. Al contrario. Es liberador. Descubrir que dependemos de otros, y sobre todo de Dios, nos reconcilia con nuestra verdad, nos devuelve la mansedumbre, nos quita el peso insoportable de tener que sostenernos solos.

Esto no es un mensaje ni una realidad amarga. Por el contrario, es la puerta de la verdadera alegría. Porque cuando renuncio a la ilusión de controlarlo todo, descubro la libertad de ser hijo de Dios.

La verdad de Cristo nos libera de las mentiras que nos aprisionan, nos guía hacia la plenitud, nos transforma el corazón.

Dios no necesita que le presentemos una vida perfecta. No espera que lleguemos a Él con las manos llenas. Necesita que le abramos nuestra pobreza y le mostremos nuestras manos vacías.

Vivir en la verdad es, al final, vivir con el corazón desnudo, sin máscaras. Es reconocer que sólo hay una dependencia necesaria, una dependencia que nos libera y nos salva: la dependencia del amor de Dios.

TERCERA MEDITACIÓN: LA LIBERTAD

«La libertad es el poder, radicado en la razón y en la voluntad, de actuar o no, de obrar esto o aquello, de realizar por uno mismo acciones deliberadas. La libertad alcanza su perfección cuando está ordenada a Dios, nuestro bien supremo. Cuanto más se hace el hombre el bien, tanto más libre se vuelve. La verdadera libertad es un signo eminente de la imagen divina en el hombre. Pero esta libertad, herida por el pecado, necesita ser purificada y elevada por la gracia. Sólo en la verdad y en la adhesión al bien encuentra el hombre la libertad plena».

(*Catecismo de la Iglesia Católica*,
1731–1733; 1742)

LA HORA Y EL NACIMIENTO
DE UN NUEVO MUNDO

La respuesta de Jesús a su madre cuando le comunica la falta de vino, al menos en su forma literal, parece áspera y distante: «Mujer, ¿qué tengo yo que ver contigo? Todavía no ha llegado mi hora»[1].

A primera vista, podríamos pensar que Jesús está llamándole la atención como si no quisiera interceder. Como si le estuviera diciendo: "Déjame en paz". Pero si nos quedamos sólo en la superficie de las palabras, corremos el riesgo de perder la riqueza inmensa que este diálogo encierra. Por eso, antes de entrar propiamente en la materia de esta meditación, quiero detenerme en dos detalles que son esenciales y que, si los contemplamos despacio y en silencio, nos abren una puerta para comprender el misterio de esta escena.

Un primer detalle es que Jesús llama a su Madre «Mujer». Y esto no es un simple formalismo. Jesús la llama así aquí, en Caná, y volverá a hacerlo en el momento más decisivo de su vida, cuando, desde la Cruz, le confíe a Juan y le diga: «Mujer, ahí tienes a tu hijo»[2]. Son dos momentos de autorrevelación: el comienzo y la consumación de su misión. No son palabras al azar; son palabras con un profundo significado teológico y cósmico.

En arameo, la palabra "mujer" se pronuncia como Eva. Y la tradición de la Iglesia, desde los

---

[1] Jn 2, 4.
[2] Jn 19, 26.

primeros siglos, ha visto en Jesús al nuevo Adán, y en María a la nueva Eva. Una nueva pareja humana que, ante la invitación de Dios, no responde con desobediencia y pecado, sino con aceptación y entrega. En Jesús y María se inaugura una nueva humanidad, una nueva creación que pone fin a la vieja historia marcada por la desobediencia y la caída.

Por eso, cuando Jesús llama a su Madre «Mujer», está haciendo mucho más que dirigirse a ella. Está revelando que esa Mujer, María, es la nueva Eva, la Madre de los vivientes en un orden nuevo, en un cosmos nuevo. Está señalando que algo radicalmente nuevo está a punto de suceder, que un tiempo nuevo está germinando en medio de la historia. Al nombrarla así, Jesús está estrenando un nuevo mundo, una nueva dimensión de la existencia que ya no pertenece únicamente al orden natural, sino que es sobrenatural y pertenece al ámbito de la gracia.

Jesús mismo lo dirá de manera clara ante Pilato: «Mi reino no es de este mundo»[3]. Y esta afirmación no es una renuncia, sino una proclamación de que el mundo que conocemos y habitamos tiene un fin, un límite, una caducidad. Pero en Cristo ha comenzado ya otro cosmos.

---

[3] Jn 18, 36.

Un universo nuevo que no se desgasta ni muere y que además no conoce corrupción. Un universo que ya sucede en la carne gloriosa y resucitada de Jesús y que se anticipará también en la carne glorificada de María, la Mujer, la nueva Eva.

El cristiano, por tanto, es alguien que vive a caballo entre dos mundos. Alguien que ha sido llamado por Dios para habitar este cosmos que un día terminará, pero que, al mismo tiempo, ha recibido la invitación a nacer a un mundo nuevo, eterno e irreversible, que ya late en la Resurrección de Cristo. Somos ciudadanos de dos realidades: una pasajera y otra definitiva.

Cuando Jesús conversa con Nicodemo, le dice precisamente esto: «El que no nazca de nuevo no puede entrar en el Reino de Dios»[4]. Y Nicodemo, desconcertado, pregunta: «¿Cómo puede un hombre, siendo ya viejo, volver al vientre de su madre?»[5]. Pero Jesús no habla de un nacimiento carnal, sino de un nacimiento del agua y del Espíritu. Un renacimiento en un orden nuevo, sobrenatural.

Un segundo detalle en la respuesta de Jesús a su madre es la expresión: "¿Qué tengo que ver yo contigo?". Los exegetas que conocen bien las

---

[4] Jn 3, 3.
[5] Jn 3, 4.

lenguas semíticas y el contexto de Oriente Medio nos explican que se trata de un giro respetuoso que aparece en otros pasajes de la Escritura. Es una fórmula para expresar un desacuerdo que no es hostil ni conflictivo, sino la constatación de que los pensamientos y los caminos son distintos.

Ese «¿Qué tengo yo que ver contigo?» podría traducirse también como: «Tú tienes un pensamiento, yo tengo otro. Tú miras desde un ángulo, yo desde otro. Tú ves la necesidad inmediata; yo estoy mirando la Hora, el plan eterno». No hay desprecio ni distancia. Hay, más bien, un anuncio velado de que los tiempos de Dios no siempre coinciden con los tiempos humanos, que la lógica divina no es la nuestra, que la hora de Dios tiene un ritmo distinto.

Sin embargo, lo más hermoso es que, aun pronunciando esas palabras, Jesús actúa. Aunque afirma que todavía no ha llegado su hora, adelanta ese momento por la intercesión de su Madre. Aunque sus pensamientos y los de ella parecen no coincidir, Jesús se deja tocar por la confianza y la solicitud de María. Y convierte el agua en vino.

Este diálogo, que a simple vista podría parecer un desencuentro, es en realidad una revelación de la ternura de Dios. Porque nos muestra que, aun cuando los tiempos de Dios no coincidan con los nuestros, Él se deja interpelar por la oración confiada y la súplica humilde de su Madre.

Jesús no reprende a María. La eleva. La sitúa en el centro del nuevo mundo que está comenzando. La llama Mujer, porque en ella la humanidad entera es redimida y renovada. Y, al responderle, le revela que en el misterio de la carencia y de la intercesión comienza ya la hora en la que todas las cosas serán hechas nuevas.

En Caná, la fiesta parecía tambalearse por la falta de vino. Pero en el corazón de aquella falta se escondía un misterio mayor: la irrupción de un vino nuevo, de una alegría que no pasa, de una vida que no termina. Y todo comenzó con un diálogo entre un Hijo y su Madre, donde la ternura y la obediencia se abrazaron para inaugurar la plenitud.

La hora de la libertad: entre la voluntad del Padre y el ejercicio del amor

Jesús, no sólo responde a la solicitud de su Madre con un aparente distanciamiento, sino que añade una expresión cargada de misterio y de promesa: «Todavía no ha llegado mi hora». Es como si en medio de aquella fiesta, Jesús estuviera ya mirando más allá, hacia un horizonte que sus discípulos aún no podían intuir. La «hora» de la que habla es la hora decisiva en la que el plan de Dios alcanzará su cumplimiento y la redención llegará a su plenitud.

Pero lo que Jesús deja entrever en este diálogo no es sólo un calendario divino, sino también algo mucho más profundo y fascinante: que hay muchos caminos, muchas alternativas, muchos modos en que esa hora puede llegar. Que la historia de la salvación no es un guion rígido e inamovible, sino un misterio vivo, un relato en el que la libertad humana y la providencia divina se entrelazan de un modo que desborda toda lógica.

Es hermoso y sobrecogedor pensar que, en ese «Todavía no ha llegado mi hora», Jesús nos está revelando que hay un plan del Padre para cada uno de nosotros, pero que ese plan no anula nuestra libertad. Que Dios sueña con nosotros, pero no nos encadena. Que tiene un proyecto para nuestra vida, pero no lo impone como un dictador autoritario, sino que lo ofrece como una invitación amorosa que requiere nuestra respuesta.

A veces nos preguntamos: si Dios conoce todo lo que va a suceder, si sabe de antemano el curso de nuestra historia, ¿dónde queda nuestra libertad? ¿Cómo podemos ser verdaderamente libres si hay un proyecto divino sobre nuestra vida? Pero el amor de Dios es tan grande que no anula nuestra libertad, sino que la sostiene y la respeta.

Incluso cuando nosotros, con nuestras decisiones erradas o torpes, nos desviamos del proyecto original que Dios había soñado para nosotros, Él no deja de tender la mano y ofrecernos caminos nuevos para reconducir nuestra historia hacia el bien y hacia su gloria.

Este es uno de los misterios más bellos y consoladores de la fe: aunque nos equivoquemos y nos apartemos de su voluntad, su amor es más fuerte que nuestras torpezas y siempre encuentra la manera de transformar nuestras decisiones en ocasión de gracia.

Esto no significa que todo dé igual. Nuestra libertad no es un juego sin consecuencias. Cada decisión que tomamos nos configura, nos modela, nos construye o nos destruye. Por eso, la pregunta que deberíamos hacernos cada día no es tanto qué quiere Dios que haga, sino: ¿Cómo puedo, desde mi libertad, responder al amor que me precede? ¿Qué estrategia quiero asumir para hacer de mi vida una historia vivida en la verdad y en el amor?

En este punto conviene detenernos en una distinción que puede ayudarnos a comprendernos mejor y a vivir con mayor lucidez. En cada ser humano hay tres dimensiones fundamentales que configuran su modo de ser y de vivir: la persona, la personalidad y el carácter.

La *persona* es la instancia última e irreductible de la autoconciencia. Es aquello que soy, más allá de todo accidente, de toda circunstancia, de todo condicionamiento. Es mi yo profundo, mi núcleo más íntimo, el lugar donde se fragua mi destino eterno. Y esa persona, en su raíz, puede elegir ser buena o mala, porque está dotada de libertad y capacidad de respuesta.

La *personalidad*, en cambio, es el conjunto de principios, valores y criterios que yo he elegido para gobernar mi vida. No nacemos con una personalidad determinada: la vamos configurando poco a poco, a través de las decisiones que tomamos, de las convicciones que adoptamos, de las heridas y los aprendizajes que jalonan nuestro camino. Algunos tienen una personalidad serena y estable, con principios no negociables; otros, una personalidad más esclava de las modas. Pero lo decisivo es la belleza de los principios que la configuran.

Por último, está el *carácter*. El carácter es el modo concreto y práctico en el que intento llevar a cabo los principios que he elegido. Es la estrategia, la manera de actuar o el estilo con el que transformo mis convicciones en acciones. Hay caracteres firmes y decididos, caracteres blandos y temerosos, caracteres agradadores, agresivos, manipuladores o serviciales. El carácter es, por así decirlo, el terreno donde mi libertad se ejercita cada día, donde mis decisiones cotidianas van dejando huella.

Y es aquí donde la vida espiritual se juega de manera más concreta. Porque si nuestros principios no están iluminados por la verdad del Evangelio, si no están sostenidos por la gracia, el carácter se convierte fácilmente en una herramienta al servicio de nuestros caprichos, de nuestras heridas, de nuestros miedos. Nos dejamos llevar por lo que nos apetece, por lo que creemos conveniente, por lo que nos proporciona un beneficio inmediato, y terminamos alejándonos de la verdad y del amor.

Hay personas con un carácter insoportable dominado por el egoísmo o por la necesidad constante de imponerse. Hay otras que esconden, tras una sonrisa amable, un juicio despectivo, porque su carácter está guiado por la desconfianza o la manipulación. Y también hay personas que, habiendo sido heridas, han elegido vivir desde la desconfianza, desde la dureza o desde la autosuficiencia. Todos, en mayor o menor medida, necesitamos ser purificados en nuestro carácter para que nuestras estrategias de vida sean verdaderamente acordes a la verdad y al amor. Al final, lo que nos define no son nuestros sentimientos pasajeros, sino lo que consentimos;

no lo que deseamos de forma impulsiva, sino los deseos que, una vez discernidos y purificados, decidimos acoger; no lo que pensamos de manera inmediata, sino los juicios que, iluminados por la verdad, elegimos sostener.

Comprender esto nos permite ver que nuestra vida no es un guion cerrado. No somos marionetas de un destino inmutable. Dios, que nos creó libres nos invita a escribir junto con Él la historia de nuestra vida. Hay muchas decisiones en las que Dios no nos dice qué debemos hacer. ¿Qué ropa me pongo hoy? ¿Qué carrera estudio? ¿Qué camino elijo entre dos opciones buenas? En estas decisiones, Dios nos concede una libertad real, y desea que esa libertad sea ejercida desde la responsabilidad y el amor.

Lo que sí nos pide, incesantemente, es que todas nuestras decisiones estén iluminadas, atravesadas, sostenidas por un principio esencial: el amor. Todo lo que me conduzca a amar más y mejor, todo lo que me lleve a construir, a compartir, a dar vida, está bien elegido. San Agustín lo dijo con luminosa sencillez: «Ama y haz lo que quieras»[6]. Y esta frase, tantas veces repetida en la tradición espiritual, encierra una verdad radical. Porque quien ama de verdad no puede hacer

---

[6] San Agustín PL 35, 7, 8.

daño, no puede destruir ni manipular. El amor es siempre constructivo y, fecundo. Cuando uno ama, está siempre en el camino de la Luz.

Por eso, la gran tarea de nuestra libertad no es tanto elegir entre mil opciones, sino purificar nuestros principios y orientar nuestras acciones hacia el amor. Porque la libertad, cuando no está iluminada por la verdad del amor, puede convertirse en un instrumento de destrucción.

Lo vemos en tantas ideologías que nos invitan a sustituir a Dios por nuestros propios caprichos, a decidir qué es bueno según nuestros intereses, a relativizar la verdad y el amor. Lo vemos en la cultura del individualismo, del relativismo moral, en las ideologías que afirman que la libertad consiste en hacer lo que a uno le apetece, aunque eso destruya al otro.

La verdadera libertad no consiste en decidir arbitrariamente, sino en elegir lo que conduce al amor. Porque cuando la libertad no está orientada al amor, se convierte en un instrumento de muerte. Lo hemos visto a lo largo de la historia, en los horrores del totalitarismo, en las ideologías que, en nombre de una falsa libertad o de un falso bien común, han destruido millones de vidas. Detrás de todo crimen, detrás de toda injusticia, hay siempre una libertad mal utilizada, una decisión tomada desde el egoísmo, desde la mentira, desde la soberbia.

Por eso, lo importante es que aprendamos a discernir, a revisar nuestros principios, a purificar nuestras intenciones. Lo esencial es que comprendamos que la libertad no es un fin en sí misma, sino un medio para amar. Dios nos ha hecho libres para que, desde esa libertad, podamos amar de verdad.

LA LIBERTAD PARA AMAR: LA HORA DEL SACRIFICIO Y LA RESPONSABILIDAD

La libertad de Dios no es un poder caprichoso. Su libertad es la expresión más pura de su amor. Y porque Dios ama, es libre; y porque es libre, ama. Esta es una verdad esencial que también ilumina nuestra existencia: si la libertad existe en el ser humano, es porque el amor la sostiene, porque el amor la hace posible.

La libertad es un elemento constitutivo de lo que somos. Por eso, incluso en la eternidad, seguiremos siendo libres. No perderemos nuestra libertad al entrar en el cielo; al contrario, nuestra libertad alcanzará allí su plenitud, porque será una libertad purificada, reconciliada y plena.

Quizá alguien se pregunte: ¿Pero cómo seremos libres si ya no podremos elegir el mal?

¿Cómo será posible la libertad en un lugar donde no existe la posibilidad de la caída? La respuesta es luminosa y sencilla: en la eternidad, tendremos un conocimiento tan claro, tan transparente, tan absoluto de la verdad, de la belleza y del bien, que cualquier elección fuera del amor nos parecerá absurda e impensable. Sería como si alguien, en pleno uso de la razón, decidiera clavarse un clavo en un ojo. Simplemente, no lo haría.

El cielo será la eterna novedad, la infinita creatividad del amor, donde seguiremos amando y, por tanto, ejerciendo nuestra libertad. La gloria de Dios no será una imposición, sino un canto libre y gozoso que brotará de cada criatura. Nuestra existencia eterna no será una cárcel, sino un jardín sin muros, donde cada decisión será una ofrenda, una alabanza, una entrega.

La libertad no desaparece nunca. Aunque no siempre podamos ejercerla plenamente —como un niño que aún no puede elegir, pero es libre por naturaleza—, la libertad es parte de nuestra dignidad como personas. Si no hay libertad, no hay humanidad.

Y precisamente por eso, el diálogo entre Jesús y María en Caná es tan revelador. Cuando María dice: «No tienen vino», y Jesús responde: «Mujer, ¿qué tengo yo que ver contigo? Todavía no ha llegado mi hora», lo que está sucediendo es un ejercicio maravilloso de libertad y amor. Jesús está diciendo a su Madre: «Pienso distinto de ti. Creo que aún no ha llegado el momento». Y, sin embargo, María, con esa confianza audaz que sólo nace del amor, elige actuar, elige interceder, elige pedir. Y Jesús, libremente, elige escucharla, elige adelantar la hora, elige transformar el agua en vino.

Este pequeño episodio, que podría parecer banal, nos enseña algo profundo: la libertad no anula el plan de Dios, sino que lo enriquece, lo amplía, lo embellece. El plan de Dios no es algo cerrado e inflexible. Es un proyecto abierto al diálogo y a la cooperación con sus hijos.

La libertad no es hacer lo que quiero. La libertad, muchas veces, es elegir el sacrificio, la renuncia, el esfuerzo, porque eso es lo que construye el amor verdadero.

Si identificamos la libertad con el bienestar emocional y el gusto pasajero, hemos entendido mal. Porque no todo lo que nos gusta procede del amor. No todo lo que nos resulta agradable nos hace libres. Lo vemos en la cultura actual, que confunde el amor con el placer, con la autosatisfacción, con el derecho absoluto a elegir cualquier cosa que me apetezca.

Este engaño puede incluso disfrazarse de vida espiritual, cuando buscamos una apariencia de bondad para alimentar nuestra vanidad: rezar mucho para que otros vean lo piadosos que somos, hacer obras buenas para ganar reconocimiento. Así eran los fariseos. Hacían cosas buenas, pero no por amor. Y, por eso, esas obras, lejos de santificarlos, los endurecían más. Decía sabiamente santa Teresa de Jesús: «No me gusta la monja que, por hacer mucha oración, deja quemar los pucheros». ¿De qué sirve tanta oración si en la cocina del convento se queman los pucheros y las hermanas se quedan sin comer? ¿Qué amor es ese que se desentiende de lo concreto, de lo cotidiano, de las pequeñas renuncias y atenciones?

La libertad como riesgo, rectificación y responsabilidad

El ejercicio de la libertad sólo tiene sentido cuando elegimos amar con todas las consecuencias. También cuando asumimos que la libertad y la responsabilidad son inseparables. Porque lo que decidimos se nos imputa a nosotros. Somos responsables de nuestras elecciones.

Sin responsabilidad, la libertad se convierte en una excusa para justificar el fracaso y un lugar en el que, buscar siempre culpables fuera de mí. Cuando un joven dice: «Me ha suspendido la profesora», elude su responsabilidad. Quizá sería más honesto decir: «No he estudiado lo suficiente».

Salvo cuando existe una patología profunda que bloquea la voluntad, la mayoría de las veces somos nosotros quienes decidimos cómo responder a lo que nos presenta la vida. Somos nosotros quienes elegimos qué hacer con nuestras heridas: si convertirlas en excusa para perdernos o en punto de partida para un camino nuevo.

No puede existir libertad verdadera si no hay responsabilidad real. Porque cada vez que ejercemos nuestra libertad, necesariamente asumimos las consecuencias de la decisión que hemos tomado, tanto para bien como para mal. Si no somos capaces de aceptar esas consecuencias, entonces no hemos sido verdaderamente libres, sino que hemos jugado con la apariencia de la libertad, sin acoger su peso y su grandeza.

Pero Dios, en su infinita misericordia, no ha querido que la libertad del hombre quede atrapada para siempre en sus errores. Junto a la libertad ha puesto un don precioso, que es uno de los signos más hermosos de la dignidad humana: la capacidad de rectificación. La posibilidad de cambiar, de volver atrás y recomenzar. La posibilidad de reconocer que nos hemos equivocado y de abrirnos de nuevo al bien.

Esa es, sin duda, la mayor grandeza del ser humano: que, aunque haya elegido mal, nunca está condenado a permanecer en el error. Siempre puede rectificar. Siempre puede volver a empezar. Aunque no siempre podamos deshacer las consecuencias de nuestras decisiones, siempre podemos abrir un camino nuevo hacia la verdad y el amor.

Es cierto que hay decisiones que, por su naturaleza, ya no pueden cambiarse. Puertas que, una vez cerradas, ya no pueden abrirse. Es la ley de la vida. Pero incluso en esos casos, Dios sigue ofreciendo caminos de redención, de sanación y fecundidad espiritual.

Cuántas veces en la vida hemos conocido a personas que, después de haber herido, de haber destruido, de haber dejado tras de sí un rastro de dolor, han llegado un día a decir: «Me doy cuenta del daño que he hecho. No puedo deshacerlo, pero quiero pedir perdón. Quisiera poder reparar, sanar, bendecir». Esa decisión humilde, esa voluntad de rectificación, es uno de los actos más hermosos y libres que puede realizar el ser humano.

Así lo narra, con infinita ternura, la parábola del hijo pródigo[7]. Ese hijo que habiendo

---

[7] Lc 15, 11-32.

abandonado la casa del padre termina cuidando cerdos, deseando saciarse con las algarrobas que comen los animales. Pero un día, en medio de la miseria, en medio de la soledad, decide cambiar. «¿Cuántos jornaleros en la casa de mi padre tienen pan en abundancia y yo aquí muero de hambre? Me levantaré e iré donde mi padre y le diré: padre, he pecado contra el cielo y contra ti»[8]. Y el padre, que no dejó nunca de amarlo, que no cerró jamás la puerta, no le reprocha nada, no lo humilla, no le hace un juicio. Lo abraza, lo viste, le restituye la dignidad y celebra la fiesta.

La rectificación es un acto grandioso de libertad. Porque el que no rectifica, el que no reconoce sus errores, termina convirtiéndose en un fósil, en una piedra fría, rígida, incapaz de crecer y de amar. Quien no es capaz de cambiar, de pedir perdón, de recomenzar, se encierra en sí mismo, se petrifica psicológica y espiritualmente.

Esto no significa vivir en la inseguridad constante. Hay decisiones que nunca querremos rectificar porque sabemos que han sido un bien, un acto de amor verdadero. Nunca nos arrepentiremos de haber amado, de haber entregado la vida, de haber servido. Hay elecciones que son irreversibles

---

[8] Lc 15, 21.

119

porque son, simplemente, el bien. Pero otras muchas veces nos equivocamos. Nos dejamos llevar por el miedo, por la comodidad o el egoísmo. Y ahí, la grandeza de la libertad consiste precisamente en la capacidad de rectificar.

Vivir es arriesgar. Amar es arriesgar. Decidir es exponerse. No hay otra manera.

Hay un tercer elemento esencial en la experiencia de la libertad. No podemos olvidar que toda decisión libre comporta siempre un margen de riesgo. La libertad es, por definición, una apuesta. Porque ninguna decisión está exenta de incertidumbre. Nadie nos puede garantizar que el camino elegido nos ahorrará el dolor, que todo saldrá como esperamos o que no nos equivocaremos.

Cuando alguien entra en el seminario, no sabe con certeza si perseverará hasta el final. Cuando un hombre y una mujer comienzan una familia, no tienen la certeza absoluta de que el amor inicial se mantendrá intacto con el paso de los años. Cuando firmamos un contrato, cuando emprendemos un proyecto, cuando educamos a unos hijos, cuando ofrecemos nuestra amistad… siempre hay un margen de vulnerabilidad, de exposición, de incertidumbre. Siempre hay un espacio en el que la seguridad no está garantizada.

Por eso, la libertad auténtica consiste en decidir a pesar de la incertidumbre. En apostar, en arriesgarse, en lanzarse a la aventura del amor, aun sabiendo que podríamos fallar o nos podrían fallar. Porque no decidir por miedo ya es decidir. Suspender el juicio, quedarse paralizado, evitar el compromiso... es también una decisión, y casi siempre la que más empobrece.

Nuestra libertad nunca será perfecta ni absoluta. Siempre estará condicionada por factores externos, por nuestras heridas, por nuestras limitaciones, por nuestra ignorancia y nuestros miedos. Pero siempre será suficiente para hacernos responsables de nuestros actos. Y esto es lo que nos convierte en personas: que somos capaces de decidir, de responder, de asumir, y de rectificar.

Aunque parezca paradójico, muchas veces tenemos miedo de ser libres. Nos gustaría que alguien decidiera por nosotros y nos diera la vida masticada. Así nos evitaríamos el riesgo y el peso de elegir. Por eso acudimos tantas veces a los demás buscando que nos digan qué hacer, esperando que alguien nos libre de la carga de decidir.

Pero el consejo nunca nos exime de la responsabilidad. Podemos y debemos pedir orientación, buscar luz, acudir a quienes nos quieren y nos conocen. Pero al final, la decisión es siempre nuestra. Nadie puede vivir por nosotros. Nadie puede decidir por nosotros. La verdadera libertad no consiste en hacer lo que otros esperan, ni en seguir un guion impuesto por los demás.

La verdadera libertad nace de la verdad y del amor. Por eso, la libertad es esencialmente cristiana. No porque sea un privilegio de los creyentes, sino porque sólo en Cristo encontramos la verdad que libera. La palabra libertad es una palabra evangélica, profundamente evangélica. La Iglesia es la patria de la libertad, porque nos recuerda que somos hijos y no esclavos. Y Jesús es el autor de la libertad, porque nos ha hecho libres con su amor.

Una fe que no nace de una decisión libre no es fe. Una vida que no se funda en la verdad y en la libertad no puede ser plena. Un matrimonio donde no hay libertad, donde no se superan los miedos, no puede sostenerse. Una amistad donde no hay verdad y libertad está condenada al fracaso.

Porque la libertad no es sólo un concepto filosófico; es la condición para amar, para creer, para vivir. No consiste en controlar los acontecimientos, sino en decidir la actitud con la que los acogemos y el significado que les damos.

Vivimos en un mundo que intenta anestesiarnos y privarnos de nuestra libertad real. Nos distraen, nos entretienen, nos saturan con estímulos para que no pensemos ni tomemos decisiones propias. En definitiva, para que no vivamos en la Verdad.

Pero la fe cristiana nos despierta de esa anestesia. Nos dice que no somos mercancía ni esclavos, sino que somos hijos de Dios. Y que sólo ejerciendo nuestra libertad podremos ser verdaderamente sus hijos.

CUARTA MEDITACIÓN: EL AMOR

«Jesús hace de la caridad un mandamiento nuevo:
amarnos unos a otros como Él nos ha amado.
Al darnos su mandamiento de amor, infunde en
nosotros el Espíritu Santo, que nos da la capacidad
de amar. La caridad es la virtud teologal por la que
amamos a Dios sobre todas las cosas y al prójimo
como a nosotros mismos por amor de Dios. Es
el vínculo de la perfección y la forma de todas las
virtudes. Sin la caridad "no soy nada" (1 Co 13, 2).
Ella da vida y sentido a todo compromiso cristiano».

(Catecismo de la Iglesia Católica,
1822–1827; 1970)

Transformar la vida en amor

Hay un secreto escondido en la raíz de la fe cristiana que no siempre comprendemos y que, sin
embargo, lo cambia todo: la fe no es simplemente
una aceptación intelectual de unos mandatos. La fe

verdadera es un acto de confianza en Dios que transforma la vida desde dentro. Es responder a un amor que nos precede, que nos envuelve y nos sostiene.

Cuando María dice a los sirvientes en Caná: «Haced lo que Él os diga», no está imponiendo un peso ni condicionando un destino. Está abriendo un camino al Amor.

Muchos creen que el compromiso limita la libertad del ser humano que queda prisionero de su elección y pierde las demás posibilidades. Pero es un error de raíz. La libertad no se destruye cuando nos entregamos por amor; al contrario, alcanza su plenitud. Como quien elige amar a una sola persona, o como quien entrega la vida entera a Dios en el sacerdocio, o en el matrimonio, o en la vida profesional: uno podría pensar que al elegir pierde, que, al comprometerse renuncia, que al decir «sí» se cierran las puertas. Pero la verdad es otra: en realidad, solo cuando elegimos, solo cuando nos damos, nos hacemos verdaderamente libres.

Dios no nos ama a condición de que le amemos. Su amor no depende de nuestra respuesta. Nos ama aunque no le respondamos, aunque le neguemos, aunque le olvidemos. Pero precisamente por eso, cuando comprendemos la hondura de ese amor incondicional, brota en nosotros la necesidad de responder, no por miedo o por presión, sino porque el corazón, una vez tocado por el amor, no puede sino amar.

El cristiano auténtico no actúa movido por el temor, sino por el amor. No obedece por obligación, sino por comunión. No camina bajo la amenaza del castigo, sino sostenido por la certeza de un amor que no falla.

Y ese amor tiene un modo concreto de expresarse. Son cuatro las dimensiones que lo sostienen, como los pilares de una casa.

La primera es el conocimiento. No se puede amar lo que no se conoce. El amor cristiano nace de un conocimiento mutuo, de un encuentro personal con Aquel que nos ha amado primero. Y conocer a Dios no es solo saber cosas sobre Él, sino dejarse mirar por Él, permitirle entrar en la propia historia, en las heridas, en los anhelos.

La segunda es el respeto. Amar no es poseer, no es dominar. Amar es reconocer la grandeza del otro, su dignidad, su libertad. Cuando amamos, otorgamos al otro un lugar en nuestra vida, un espacio desde el cual puede influir, iluminar, incluso condicionar nuestro camino. Pero esa entrega es libre, jamás forzada.

La tercera es la aceptación del límite o del error y estar dispuesto a perdonar. Amar no es idealizar. Amar es asumir que el otro, y también yo, somos imperfectos, frágiles y estamos llenos de heridas.

En el amor caben las equivocaciones, las caídas, las contradicciones. Y aún así, el amor permanece.

La cuarta es la capacidad de sufrir. El amor auténtico significa arriesgarse a sufrir, despojarse, perder. Pero ese sufrimiento no destruye el amor; al contrario, lo purifica para convertirlo en auténtico.

Cuando olvidamos el amor, la rutina nos atrapa, la frustración se instala, el resentimiento acecha. La vida se vuelve gris, sin sabor, sin sentido. Pero cuando todo nace del amor, entonces cada acto, por pequeño que sea, tiene un valor eterno. Desde levantarse cada mañana, hasta cuidar a la familia, trabajar, servir, amar, incluso sufrir… todo, absolutamente todo, puede ser transformado en amor.

El amor es la tinta con la que Dios escribe en la historia.

Cuando María nos dice: «Haced lo que Él os diga», no nos está invitando a la sumisión sino a la libertad del amor. No a la obediencia por miedo, sino al abandono confiado.

Y esa capacidad de amar, de transformar la vida en amor, nace siempre de una fuente anterior. Porque nadie puede amar si no ha sido antes amado.

Nadie puede dar lo que no ha recibido. Por eso Jesús decía: «De la abundancia del corazón habla la boca»[1]. Solo cuando el corazón está lleno de amor, ese amor desborda y se convierte en palabras, en gestos, en vida entregada.

En Caná, cuando Jesús pide que llenen las tinajas de agua, está anticipando este misterio. Las tinajas somos nosotros. El agua es el Espíritu. El amor no brota de nuestro esfuerzo, sino de la gracia que nos habita.

En toda la Escritura, el agua aparece como símbolo del Espíritu Santo. En la creación, el Espíritu aletea sobre las aguas[2]. En el diálogo con la Samaritana, Jesús promete un agua viva que salta hasta la vida eterna[3]. En la fiesta de los Tabernáculos, grita: «El que tenga sed, que venga a mí y beba, y de su interior brotarán torrentes de agua viva»[4], refiriéndose al Espíritu.

Es necesario llenarse primero. Porque el que no se sabe amado, no puede amar. El que no se sabe sostenido, no puede sostener. El que no bebe, no puede ofrecer de beber.

Por eso, la raíz de toda vida cristiana es la certeza humilde y gozosa de que somos amados incondicionalmente. San Pablo lo proclamaba

---

[1] Lc 6, 45.
[2] Gn 1, 2.
[3] Jn 4, 14.
[4] Jn 7, 37.

con fuerza: «Ni la muerte, ni la vida, ni ángeles, ni potestades, ni lo presente, ni lo futuro, ni criatura alguna podrá apartarnos del amor de Dios manifestado en Cristo Jesús»[5].

Esta es la esencia de nuestra fe. No consiste, ante todo, en hacer cosas por Dios, sino en dejarse amar por Él. Todo empieza por ahí. Y solo quien se deja amar puede, a su vez, transformar la vida en amor.

Es posible que ante la pregunta de si creemos que Dios nos ama, nuestra respuesta sea: "creo que sí", sin saber muy bien por qué. Pero en lo más hondo del corazón, sabemos que hay señales, huellas, caricias invisibles que nos han sostenido siempre.

Dicen los psicólogos que un niño solo necesita una certeza para ser feliz: saberse querido. Y cuando esa certeza se quiebra, cuando el niño duda de que es amado, su vida entera queda herida y marcada por la inseguridad, por el temor, por la búsqueda desesperada de un amor que nunca llega.

Lo mismo sucede con nosotros. Si desconocemos que somos amados por Dios, la vida pierde sentido. Pero cuando descubrimos —o redescubrimos— que estamos sostenidos por un amor eterno, entonces todo cambia. Entonces

[5] Rom 8, 39.

podemos transformar en amor la vida, el trabajo, la familia, el sufrimiento, las decisiones, todo...

Ese es el milagro que comenzó en Caná y que sigue sucediendo cada día: que el agua que transcurre por nuestra vida, tan simple y ordinaria puede transformarse en vino si dejamos que el amor de Dios nos llene hasta desbordar.

La fuerza invencible del amor

A veces, sin darnos cuenta, albergamos en lo más hondo del corazón una sospecha, una duda sutil que nos roba la paz: ¿habrá algo en mí que me haga indigno del amor de Dios? ¿Será posible que exista en mi historia, en mis caídas, en mis torpezas, una grieta tan profunda que Él ya no pueda quererme?

Durante siglos, en la tradición de la Iglesia, hemos hablado del pecado mortal, y con razón. San Juan, en su primera carta, advierte sobre el pecado que lleva a la muerte[6], y la teología ha custodiado esta enseñanza como un faro que ilumina la seriedad de nuestra libertad y la posibilidad real de apartarnos de Dios. Pero a veces, en la vida cotidiana de los creyentes, esta enseñanza se ha desfigurado, convirtiéndose en

---

[6] 1 Jn 5, 6.

un peso insoportable, en una caricatura que distorsiona el rostro del Padre.

No son pocos los que viven bajo la sombra de un miedo constante, como si pudieran condenarse por cualquier descuido, por cualquier error, como si su relación con Dios dependiera de un equilibrio precario y frágil, que pudiera romperse en cualquier momento. Y sin embargo, basta abrir el Evangelio para descubrir que el amor de Dios no es así.

¿De verdad pensamos que, al cometer un pecado, por grave que sea, si en ese mismo instante el corazón se duele y se vuelve a Dios con un suspiro, no está ya alcanzado por Su perdón? ¿No es acaso el Señor aquel que corre al encuentro del hijo pródigo cuando aún está lejos, antes incluso de que pronuncie palabra?[7].

Por supuesto, la Iglesia nos invita al sacramento de la penitencia, y ese signo visible de la misericordia no puede ser sustituido. Pero más allá de la forma, el amor de Dios no espera; está siempre dispuesto, siempre abierto, siempre latiendo por nosotros.

Cuántas veces hemos vivido bajo la falsa imagen de un Dios que lleva un registro riguroso de nuestras faltas, como si la salvación pendiera de un

---

[7] Cf Lc 15, 20.

equilibrio milimétrico, como si un solo tropiezo pudiera arrojarnos irremediablemente fuera de Su abrazo. Cuántas veces hemos imaginado un juicio que se parece más a una sentencia fría que al encuentro con un Padre que no sabe hacer otra cosa que amar.

No podemos construir nuestra relación con Dios desde la sospecha o el miedo. No podemos vivir como si Él esperara la ocasión para condenarnos. El verdadero temor de Dios no es el miedo a un castigo externo; es el respeto reverente, el temor de alejarnos por nuestra propia necedad de aquel que es la fuente misma de la vida y del amor.

El juicio de Dios no será un tribunal frío. Será el encuentro definitivo con Aquel que hemos recibido tantas veces en la Eucaristía, con Aquel que nos ha mirado siempre con ternura desde el Sagrario, con Aquel que ha habitado nuestra historia silenciosamente. El mismo Jesús que nos ha sostenido en los días luminosos y en las noches oscuras será quien nos mire al final y nos pregunte, no tanto por nuestras obras, sino por cuánto nos dejamos amar y cuánto supimos amar.

Necesitamos hacernos una pregunta esencial: ¿Quién es Dios para mí? ¿Quién es ese Dios que espero encontrar al final de mis días? Si en mi corazón anida la imagen de un juez implacable, entonces debo dejar que esa imagen se purifique. Porque el Dios revelado por Jesucristo es, ante todo, un Dios que ama, un Dios que salva, un Dios que no sabe hacer otra cosa que entregarse.

Cuando Jesús habla en el Evangelio del juicio final, cuando dice: «Apartaos de mí, malditos»[8], no está describiendo el castigo de quienes han fallado por debilidad, sino el drama de quienes, de forma libre y obstinada, han rechazado el amor. El infierno no es el resultado de un descuido, sino de un rechazo consciente, persistente y definitivo del amor de Dios.

El verdadero temor no es que Dios me condene; el verdadero temor es que yo, por frivolidad, por orgullo, por indiferencia, cierre mi corazón y no permita que Su amor me transforme. El peligro no está fuera de mí, sino dentro, cuando me resisto a ser amado, cuando me obstino en vivir de espaldas a la Gracia.

Es fácil reconocer el amor de Dios cuando todo va bien, cuando la vida sonríe y los caminos son suaves. Pero la verdadera prueba de fe, la verdadera madurez espiritual, comienza cuando la vida se tuerce y llega la enfermedad, la pérdida, la cruz. Ahí es donde debemos redefinir, una y otra vez, quién es Dios para nosotros. No

---

[8] Mt 25, 41.

el Dios de las ideas, sino el Dios real, el Dios que permanece cuando todo lo demás se derrumba.

Porque en el fondo, toda la vida cristiana consiste en llenarse de ese amor, como las tinajas que Jesús mandó llenar de agua. Somos vasijas de barro, frágiles, limitadas, pero llamadas a ser colmadas por la Gracia, por el Espíritu Santo, por el Amor que no pasa.

Lo que nos sostiene es la certeza de que Dios nos ha amado primero y que su amor no tiene fin.

El amor de Dios no es un complemento añadido. Es la fuerza más poderosa del universo, más fuerte que el pecado, más fuerte que la muerte. Como dice San Pablo, la ciencia, las profecías terminarán, pero el amor no pasará nunca[9]. El amor no muere, no se agota, no tiene fin.

Y por eso, nuestra vida aquí, en el tiempo terrenal, es ya un anticipo de lo que nos espera en la eternidad. Amar ahora es comenzar a vivir la vida eterna. Dejarse amar ahora es comenzar a gustar el cielo.

Todo lo demás pasará. Pero el amor de Dios permanecerá para siempre.

---

[9] 1 Co 13, 8.

A veces nos sorprende descubrir cómo, a pesar de saber que Dios es amor, seguimos temiendo que se canse de nosotros y un día se aparte de nuestras vidas porque hemos vuelto a fallar.

Nos sucede que, cuando somos infieles, cuando volvemos a tropezar en los mismos pecados, nos asalta una voz interior que susurra: «Dios ya no te va a escuchar. ¿Cómo va a ayudarte si tú mismo no dejas que te ayude?». No es que Dios nos niegue su gracia, sino que somos nosotros los que, en nuestra torpeza y obstinación, podemos cerrarnos a ella.

Esa es, quizá, la verdadera tragedia espiritual: no que Dios se aparte de nosotros, sino que nosotros, a fuerza de desesperanza o de soberbia, nos apartemos de Él. La gran batalla no está en que Dios deje de amar, sino en que yo no me atreva a dejarme amar, que yo mismo me cierre a la gracia que Él siempre me ofrece.

Y, sin embargo, si miramos hacia atrás, si recorremos con memoria agradecida el camino de nuestra vida, descubriremos que nunca hemos estado solos. ¿Por qué estamos aquí hoy? ¿Qué explicación tiene nuestra perseverancia, si no es que Su amor nos ha sostenido silenciosamente, incluso cuando no éramos conscientes de ello?

El amor de Dios actúa en nosotros de un modo discreto y potente. Se manifiesta primero como luz, como iluminación interior que nos muestra el camino cuando todo parece oscuro. Durante siglos, el bautismo fue llamado precisamente "la iluminación", porque nos abre los ojos para ver la realidad con la mirada de Dios.

Pero no basta con que Dios nos ilumine; además, nos fortalece. La gracia no sólo nos muestra el camino, sino que nos da la fuerza para recorrerlo. Lo hace sin imponerse y respetando siempre nuestra libertad. Sosteniéndonos en los momentos más difíciles, cuando nuestras fuerzas ya no alcanzan y todo parece perdido.

Si somos honestos, debemos reconocer que nuestra fidelidad no tiene otra explicación que la fidelidad de Dios. Cada vez que hemos caído y nos hemos levantado, cada vez que hemos sentido dentro una fuerza inesperada para volver a empezar, ha sido su gracia la que nos ha sostenido. Nuestra perseverancia es, en realidad, su perseverancia. Nuestra esperanza es, realmente, su misericordia.

Porque la misericordia no es otra cosa que el amor cuando se encuentra con la debilidad. El amor entre iguales sigue siendo amor; pero cuando el amor desciende y abraza la fragilidad, entonces recibe el nombre de misericordia. Y ese es el modo en que Dios nos ama: no desde la distancia, sino desde abajo, desde dentro, desde nuestra pequeñez.

La misericordia es el nombre que toma el amor cuando se inclina sobre el que ha caído y no se escandaliza de la miseria; cuando abraza la fragilidad sin exigirle antes que deje de ser frágil.

Por eso, nuestra esperanza no está fundada ni en nuestros méritos, ni en nuestras obras y ni siquiera en nuestra fuerza, sino en Su amor misericordioso. Decía santa Teresita del Niño Jesús que, cuando se presentara ante Dios, no iba a hablarle de sus mortificaciones o de sus sacrificios: «Compareceré ante ti con las manos vacías»[10].

Y esa debe ser también nuestra respuesta.

Podemos llamar debilidad a muchas cosas: a un pecado mortal, a una herida antigua, a un defecto que no conseguimos superar, a un cansancio que nos aplasta. Pero para que el amor de Dios alcance nuestra debilidad, hay un único requisito: reconocer nuestra miseria. Ofrecerla y no esconderla. Sólo la humildad abre las puertas a la gracia.

---

[10] Santa Teresa de Lisieux. Oración de ofrenda a sí misma (9 junio 1895). 6, 758.

Jesús habló de un pecado que no sería perdonado, el llamado pecado contra el Espíritu Santo[11]. Y durante siglos los teólogos han meditado sobre estas palabras. La tradición ha comprendido que este pecado consiste precisamente en cerrarse obstinadamente al amor de Dios, en negarse a ser amado, en rechazar la gracia que nos Él nos ofrece. No es que Dios no quiera perdonar; es que el corazón humano puede llegar a no querer ser perdonado.

En Caná aprendemos algo esencial: que Dios no espera tinajas perfectas, limpias y resplandecientes. Jesús manda llenar de agua las tinajas de piedra destinadas a las purificaciones de los judíos. Tinajas ordinarias, desgastadas, manchadas por el uso. Y, sin embargo, es en esas tinajas donde sucede el milagro, donde el agua se convierte en vino.

Nuestra alma es como esas tinajas: limitada, agrietada, manchada. Pero no se nos pide que estemos limpios y perfectos antes de recibir la gracia. Se nos pide, simplemente, que nos dejemos llenar, que acojamos el agua viva que Cristo quiere derramar en nosotros. Que aceptemos ser amados incluso cuando no somos dignos. El milagro no sucede en Caná

---

[11] Mc 3, 29.

porque las tinajas sean dignas, sino porque se dejan llenar.

Todo en la vida cristiana gira en torno a esta experiencia: vivir del amor y vivir en el amor. No somos discípulos de Cristo por nuestras ideas y méritos. Somos discípulos porque hemos sido amados y porque, al sabernos amados, empezamos a amar.

Y así, lo que comenzó como un signo en Caná, continúa en cada uno de nosotros. La vida cristiana no es un catálogo de méritos, sino un relato de gracia.

Santa Bernardita Soubirous, la mujer que vio y habló con la Virgen María en Lourdes, dejó un testamento espiritual que resume lo que deberíamos poder decir todos: que nuestra vida no es otra cosa que la historia de un amor que nos ha sostenido en nuestra debilidad. Que nuestra única esperanza es su misericordia. Que hemos sido, y seremos siempre, amados.

«Por la pobreza en la que vivieron papá y mamá, por los fracasos que tuvimos, porque se arruinó el molino, por haber tenido que cuidar niños, vigilar huertos frutales y ovejas; y por mi constante cansancio... te doy gracias, Jesús.

Te doy las gracias, Dios mío, por el fiscal y por el comisario, por los gendarmes y por las duras palabras del padre Peyremale...

No sabré cómo agradecerte, si no es en el paraíso, por los días en que viniste, María, y también por aquellos en los que no viniste. Por la bofetada recibida, y por las burlas y ofensas sufridas; por aquellos que me tenían por loca, y por aquellos que veían en mí a una impostora; por alguien que trataba de hacer un negocio…, te doy las gracias, Madre.

Por la ortografía que jamás aprendí, por la mala memoria que siempre tuve, por mi ignorancia y por mi estupidez, te doy las gracias.

Te doy las gracias porque, si hubiese existido en la tierra un niño más ignorante y estúpido, tú lo hubieses elegido…

Porque mi madre haya muerto lejos. Por el dolor que sentí cuando mi padre, en vez de abrazar a su pequeña Bernardita, me llamó «hermana María Bernarda»…, te doy las gracias.

Te doy las gracias por el corazón que me has dado, tan delicado y sensible, y que me colmaste de amargura…

Porque la madre Josefa anunciase que no sirvo para nada, te doy las gracias. Por el sarcasmo de la madre maestra, por su dura voz, por sus injusticias, por su ironía y por el pan de la humillación… te doy gracias.

Gracias por haber sido como soy, porque la madre Teresa pudiese decir de mí: "Jamás le cedáis lo suficiente"…

Doy las gracias por haber sido una privilegiada en la indicación de mis defectos, y que otras hermanas pudieran decir: "Qué suerte que no soy Bernardita"...

Agradezco haber sido la Bernardita a la que amenazaron con llevarla a la cárcel porque te vi a ti, Madre... Agradezco que fui una Bernardita tan pobre y tan miserable que, cuando me veían, la gente decía: "¿Esa cosa es ella?", la Bernardita que la gente miraba como si fuese el animal más exótico...

Por el cuerpo que me diste, digno de compasión y putrefacto... por mi enfermedad, que arde como el fuego y quema como el humo, por mis huesos podridos, por mis sudores y fiebre, por los dolores agudos y sordos que siento... te doy las gracias, Dios mío.

Y por el alma que me diste, por el desierto de mi sequedad interior, por tus noches y por tus relámpagos, por tus rayos... por todo. Por ti mismo, cuando estuviste presente y cuando faltaste... te doy las gracias, Jesús»[12].

---

[12] Marcelle Auclair, *Vida de Santa Bernardita*, Ed. Paulinas, Madrid, 1985, p. 212.

QUINTA MEDITACIÓN: LA NECESIDAD DE LA CONVERSIÓN PERSONAL

«La conversión es, ante todo, obra de la gracia de Dios que hace retornar nuestros corazones a Él. El corazón del hombre es torpe y endurecido, y sólo Dios puede convertirlo. Esta conversión interior es una reorientación radical de toda la vida, un retorno, una metanoia, una penitencia, un deseo de cambio de corazón. Implica el dolor por los pecados cometidos, el propósito firme de no volver a pecar y la confianza en la misericordia divina. El corazón que se convierte se deja alcanzar por la mirada de amor de Dios y comienza a vivir según el Espíritu».

(*Catecismo de la Iglesia Católica*,
1430–1432; 1989)

LAS TINAJAS DE PIEDRA: LA IMPERFECCIÓN Y EL MISTERIO DEL MAL

«Había allí colocadas seis tinajas de piedra para las purificaciones de los judíos, de unos cien litros cada una»[1].

Nada es casual en el relato evangélico. Cada palabra, cada número, cada gesto, tiene un peso que va más allá de lo aparente. Aquí, en el marco de la revelación de Jesús, aparece la palabra purificación. San Juan, con la finura propia del discípulo amado, introduce este dato como un hilo discreto pero decisivo en la catequesis que despliega a través de la vida y los signos de Cristo.

Seis tinajas. No siete. Seis es el número que, en la simbología bíblica, alude a la imperfección, a lo incompleto, a lo que no ha llegado a ser. Mientras que el número siete expresa la perfección, la plenitud de la obra de Dios.

Además, esas tinajas no son de barro, como solían serlo normalmente, sino de piedra. Una elección nada casual. La piedra evoca la rigidez, la dureza, la frialdad. Y, al mismo tiempo, remite a la Ley escrita en piedra por Moisés, que, aunque buena y necesaria, no podía dar la perfección. La Ley señala el camino, pero no da la

---

[1] Jn 2, 6.

fuerza para recorrerlo. La Ley muestra el ideal, pero no transforma el corazón. La Ley, escrita en piedra, no puede hacer de nosotros criaturas nuevas. Porque sólo el amor, sólo la gracia, sólo el Espíritu Santo pueden hacerlo.

Las seis tinajas de piedra, por tanto, son un retrato de la condición humana. Somos limitados, inacabados, imperfectos. Nuestra vida es como esas tinajas: dura, frágil, fría, incapaz por sí misma de contener la plenitud. Y, sin embargo, es ahí, en esa imperfección, donde Jesús quiere derramar el agua que Él mismo transformará en vino. No pide tinajas nuevas, ni recipientes perfectos. Pide esas mismas tinajas de piedra, llenas hasta arriba, porque es ahí donde se manifestará su gloria.

Cuando Jesús pide que llenen las tinajas de agua, nos pide, en realidad, que llenemos nuestra imperfección con lo que somos capaces de ofrecer: agua. Agua insípida, ordinaria, insuficiente. Y Él, con el poder del Espíritu, la transformará en vino nuevo, en gozo pleno, en gracia abundante.

Pero antes de esa transformación, el Señor nos recuerda una verdad esencial: vivimos en un mundo herido, en un mundo marcado no sólo por la limitación, sino también por el mal. No basta con reconocer que somos finitos, frágiles, humildes. También tenemos que afrontar el misterio del mal, que atraviesa nuestra historia y nuestro corazón.

La existencia del mal no es un accidente. No es un fallo en la maquinaria del cosmos. El mal existe, y no podemos cerrar los ojos ante él. Existe un mal que está fuera de nosotros y un mal que habita dentro de nosotros. Y todo ser humano se define, en última instancia, por la actitud que adopta ante ese mal.

El mal que está fuera de nosotros puede adoptar muchas formas. Hay un mal que brota de la naturaleza: terremotos, tsunamis, enfermedades, catástrofes que escapan a nuestro control. Algunos lo llaman «mal natural». Es el mal que deviene de nuestra incapacidad para gestionar las fuerzas de la naturaleza, de nuestra fragilidad biológica, de nuestra exposición a un mundo que no siempre está a nuestro favor.

Pero hay otro mal, más profundo e inquietante, que es el mal personal. El mal que nace de la libertad humana, del ejercicio erróneo, perverso o egoísta de la libertad. El mal que otros provocan sobre nosotros o que nosotros mismos provocamos sobre otros. El mal que nace del odio, de la indiferencia, de la mentira, de la injusticia, de la violencia.

Y, aunque nos cueste reconocerlo, ese mal también habita en nosotros. No somos meras víctimas del mal ajeno o del mal natural. Llevamos dentro una herida, una inclinación, una sombra. San Pablo lo expresó con crudeza: «No hago el bien que quiero, sino el mal que no quiero»[2]. Todos conocemos esa tensión, esa batalla interior.

Por eso, cuando el Evangelio habla de las tinajas para las purificaciones nos está recordando que nuestro corazón necesita ser limpiado, renovado, transformado. Porque un corazón impuro no es, en primer lugar, un corazón manchado por actos externos, sino un corazón que ha pactado con el mal, que ha consentido la mentira, que ha hecho espacio a la soberbia, a la avaricia, a la dureza.

Un corazón puro, en cambio, es un corazón que ha sido lavado por la gracia, que ha sido liberado del pacto con el mal, que ha renunciado a consentir el mal, dentro y fuera de sí.

Y por eso, contemplando las tinajas de piedra, la pregunta esencial que deberíamos hacernos es: ¿Cómo me posiciono ante el mal? ¿Qué actitud adopto ante lo que me hiere, me humilla, me decepciona, me rompe? ¿Qué hago ante el mal que está fuera de mí y ante el que está dentro de mí?

Estas preguntas no son teóricas. Responden a nombres y rostros concretos. Todos podemos

---

[2] Rom 7, 19.

identificar en nuestra vida personas, situaciones, heridas que nos han hecho daño, que nos han humillado, que nos han decepcionado o que nos han roto. Basta detenernos un momento y preguntarnos: ¿Quién me ha sacado de quicio? ¿Quién me ha decepcionado? ¿Quién me ha herido profundamente?

Pero también, con humildad, deberíamos preguntarnos: ¿A quién he herido yo? ¿A quién he decepcionado, quizá sin darme cuenta, quizá sin quererlo?

Y no sólo las personas: también los acontecimientos. ¿Cómo afronto una enfermedad, un fracaso, una pérdida? ¿Cómo me posiciono ante el misterio de la muerte, de la fragilidad, del sufrimiento? ¿Me victimizo? ¿Me rebelo contra Dios? ¿Busco culpables por todas partes? ¿O me abro a la posibilidad de que, incluso en medio del mal, la gracia pueda actuar?

Esta es la gran pregunta de la conversión. No se trata de buscar culpables, de acumular reproches, de hundirnos en la culpa. Se trata de mirar con verdad y humildad el mal que atraviesa nuestra vida y de decidir qué queremos hacer con él.

Las tinajas de piedra nos recuerdan que todos necesitamos una purificación. Todos necesitamos ser llenados, no de resentimiento ni de autosuficiencia, sino de la gracia que puede transformar nuestra agua insípida en vino nuevo.

El primer paso para la conversión es reconocer que esas tinajas están ahí, vacías o llenas de un agua que no basta. Reconocer que el mal existe, que la imperfección nos acompaña y que el corazón necesita ser cambiado.

Sólo cuando somos capaces de mirar de frente al misterio del mal —dentro y fuera de nosotros— y de ponerlo en manos de Dios, puede comenzar la verdadera transformación.

LA VERDAD DE NUESTRO PECADO: VIVIR EN CONVERSIÓN CONSTANTE

A veces padecemos una tentación muy común, sobre todo cuando la vida nos ha ido limando las aristas o cuando la edad y la costumbre nos han adormecido la conciencia: pensamos que ya no tenemos grandes pecados, que ya no somos tan malos, que nuestras faltas son menores, que al fin y al cabo somos "buenas personas". Nos decimos a nosotros mismos: "A estas alturas, yo ya no hago daño a nadie". Y así, sin darnos cuenta, nos vamos instalando en una falsa inocencia, en una comodidad espiritual que nos impide ver la verdad.

Pero la verdad no depende de nuestra percepción. La verdad de nuestra condición es que seguimos siendo frágiles, inclinados hacia el mal y necesitados de conversión hasta el último día de nuestra vida.

San Agustín, con la agudeza de quien conoce el alma humana, definía el pecado como «dar la espalda a Dios para mirar sólo a las criaturas»[3]. Es decir, poner en el centro de nuestra vida algo que no es Dios y buscar la plenitud donde no puede hallarse, en las cosas del mundo. El papa Francisco, con su lenguaje sencillo y directo, respondió en una ocasión que el pecado es todo aquello que destruye: todo acto, palabra, pensamiento u omisión que destruye a quien lo comete o a quien lo recibe[4].

Y por eso, reconocer el pecado no es una humillación ni una obsesión. Es un modo de vivir en la verdad. Es mirar con serenidad y humildad que nuestra vida no está terminada, que nuestro corazón necesita ser sanado, que aún estamos en camino.

La conversión no es un acto puntual que acontece un día y después se archiva como un trofeo. La conversión es un proceso permanente y constante por el que nos volvemos a Dios

---

[3] San Agustín, *De libero arbitrio*, II, 19, 53.
[4] Papa Francisco, Encuentro con el clero de Roma, 7 de marzo de 2019.

y corregimos el rumbo. Un cristiano auténtico vive en estado continuo de conversión. Hasta el último instante, hasta el último latido, estaremos llamados a convertirnos, a volver al Padre y dejar que el Amor sane nuestras heridas y nuestras inclinaciones torcidas.

Otro tipo de tentación muy común es la obsesión con el pecado. Hay quienes ven pecado en cada pensamiento, en cada gesto, en cada respiro. Viven atrapados en una espiral de escrúpulos que les roba la paz y les impide experimentar la misericordia de Dios. Como si Dios estuviera vigilando cada detalle para castigar al menor descuido.

No es así. La Iglesia, a la luz del Evangelio, nos enseña que para que haya pecado —pecado real, verdadero, que rompa la comunión con Dios— deben concurrir tres elementos esenciales.

Primero, debe haber materia de pecado. Es decir, que el acto, la palabra, el pensamiento u omisión sean, en sí mismos, objetivamente malos. No todo es pecado. No es pecado ponerse un jersey verde en vez de uno azul. No es pecado llevar un pantalón roto, aunque pueda ser inadecuado o inconveniente en determinados contextos. La materia del pecado requiere que el acto afecte a realidades esenciales: la vida, la verdad, la justicia, la fidelidad, la dignidad propia o ajena.

En segundo lugar, es necesario que haya advertencia. Es decir, que la persona sepa, en el momento de actuar, que aquello que está haciendo es un mal, que va contra la verdad y el amor. La ignorancia, la falta de formación, la confusión cultural o personal pueden reducir, cuando no anular, la advertencia y, por tanto, la responsabilidad moral.

Muchos jóvenes, por ejemplo, que caen en pecados propios del ímpetu de la juventud, no actúan con plena advertencia. Nadie les ha enseñado, nadie les ha formado, nadie les ha dicho que hay un camino mejor. ¿Cómo pedir cuenta plena a quien no ha recibido luz ni guía?

Y en tercer lugar, para que haya pecado verdadero, especialmente pecado grave, es necesario que haya consentimiento pleno. Es decir, que la persona elija deliberadamente hacer el mal, pudiendo libremente elegir otra cosa. Y aquí está, quizá, el elemento más delicado, porque la plenitud del consentimiento no es tan frecuente como solemos pensar. Hay muchas decisiones que tomamos bajo presión, por ignorancia, por miedo, por fragilidad. Y Dios, que conoce los corazones, tiene infinita misericordia con nuestras limitaciones.

Por eso, aunque nuestra vida esté marcada por el pecado, no debemos vivir bajo el peso insoportable de la culpa ni bajo la tiranía de un escrúpulo que nos paraliza. Lo que Dios espera de nosotros no es que seamos perfectos, sino que vivamos a la luz de la verdad. Y la verdad es que necesitamos ser perdonados. Necesitamos ser sanados. Necesitamos, día tras día, volver a Dios.

Al final, nadie que tenga la cabeza bien quiere ser malo. Nadie desea, en lo más profundo, destruirse a sí mismo o destruir a los demás. Pero estamos heridos. Y en esa herida, muchas veces, elegimos mal. Por eso la conversión es un proceso de lucidez y de amor. Es reconocer que, aunque soy limitado y frágil, puedo volver siempre al Padre. Que puedo levantarme, rectificar, pedir perdón, y dejar que Dios transforme mi agua en vino.

No se trata de vivir obsesionados con el pecado, sino de vivir despiertos, atentos, humildes. De reconocer que somos siempre mendigos de la Gracia. Y de caminar, día tras día, hacia la plenitud de la libertad y del amor.

LA MEDIOCRIDAD Y LA DUREZA DEL CORAZÓN: VIVIR EN LA VERDAD

También existe en cada uno de nosotros una tentación silenciosa y persistente que no siempre reconocemos, pero que nos acecha en los pliegues de la vida cotidiana. Es la tentación de pactar con la mediocridad. De acomodarnos a las medias tintas de ese terreno gris donde no nos atrevemos ni a amar del todo ni a rechazar abiertamente el mal. Nos gustaría vivir en un "sí, pero no", en un "bueno, depende", en un "no es para tanto". Nos gustaría suavizar las exigencias del Evangelio, rebajar la radicalidad del amor, justificar lo que, en el fondo, sabemos que no está bien.

Hay un defecto particularmente insidioso, quizás más grave que muchos otros, porque nace precisamente de la mentira interior: intentar justificar una conducta que, en lo profundo del corazón, sabemos que no es buena. Ese juego peligroso en el que comenzamos a fabricar excusas, atenuantes, autoengaños, hasta el punto de convencernos de que lo malo no es tan malo, de que lo turbio no es tan oscuro, de que lo injusto no lo es tanto.

Muchos conocemos una frase que encierra una verdad demoledora: «Cuando uno no vive como piensa, acaba pensando como vive». Cuando alguien no es coherente con los principios que profesa y traiciona sus propias convicciones, termina por reescribir su escala de valores para justificar sus actos. Y eso es lo más trágico. Porque cuando la vida deja de responder a la verdad, uno empieza a deformar la verdad para que se ajuste a su vida.

Pero hay actos que nunca se justifican. No pueden ser justificados de ningún modo. Podemos buscar mil razones para atenuar, para explicar, para comprender. Podemos decir: «Estaba nervioso», «No podía más», «Me sacaron de quicio», «La vida me empujó». Y todo eso puede ser verdad. Pero lo que está mal no puede transformarse en bien por el simple hecho de que queramos sentirnos mejor con nosotros mismos.

Es cierto, y conviene recordarlo: no todo pecado tiene la misma gravedad. Pero hay que llamar a las cosas por su nombre. No podemos blanquear el mal, ni justificarlo hasta hacerlo desaparecer.

Vivimos en un tiempo en el que la palabra "pecado" provoca sonrisas irónicas, indiferencia o burla. Se banaliza. Se trivializa. Se ridiculiza. Y lo escuchamos continuamente: «Eso, para mí, no es pecado». Como si el mal dependiera de la opinión de cada uno, como si la verdad fuera moldeable al gusto del consumidor.

Muchas personas reducen el concepto de pecado grave exclusivamente a cuestiones contra el sexto mandamiento, mientras que otros actos profundamente destructivos, como la injusticia, la avaricia, la mentira, la dureza de corazón, la irresponsabilidad social o la indiferencia hacia el prójimo, pasan desapercibidos, como si no tuvieran peso moral.

Pero miremos con honestidad. ¿No es pecado pagar mal a un trabajador, privarle de lo que es justo? ¿No es pecado defraudar a la sociedad, vivir al margen de la responsabilidad común? ¿No es pecado ignorar a los propios padres, olvidar a los que nos han dado la vida, no llamarlos, no mirarlos a los ojos? ¿No es pecado descuidar a los que tenemos cerca, a los que dependen de nosotros, por comodidad o por egoísmo?

Muchas veces, sin darnos cuenta, podemos estar destruyendo, hiriendo, empobreciendo la vida de los demás con nuestras omisiones, con nuestras indiferencias o nuestras pequeñas traiciones cotidianas.

No olvidemos que el pecado tiene la misma textura que las tinajas de piedra. Tinajas duras, frías. Porque el pecado es fruto de un corazón endurecido, de un corazón que ha dejado de escuchar y ha pactado con la mediocridad.

Ante esta realidad, la actitud natural, la más humana y verdadera, es el arrepentimiento. No la culpa estéril ni la vergüenza que paraliza, sino el reconocimiento humilde de que algo está mal y que necesito ser sanado.

No podemos confundir la misericordia con la complicidad. Practicar la misericordia no significa llamar bien a lo que está mal, ni celebrar lo que destruye. La misericordia verdadera nace de la verdad. Y por eso, vivir en la misericordia es vivir en la verdad. No consiste en celebrar cualquier cosa, sino en acompañar a la persona en la búsqueda de la verdad, aunque esa verdad le incomode, aunque requiera un camino de conversión.

Pero la verdad no se negocia.

La misericordia exige lucidez, coraje y ternura. Exige la justicia de reconocer el error. No es complacencia ni relativismo. Es acompañar al otro hacia la verdad que libera, hacia el amor que transforma, hacia la vida que merece ser vivida.

EL ARREPENTIMIENTO VERDADERO: DE LA SOBERBIA AL DOLOR DE AMOR

Quizá en otros tiempos —décadas atrás— se pensó que el miedo podía ser un motor eficaz para contener el mal, que insistir mucho en el castigo haría mejores personas. Quizá funcionó en algunos casos, generando obediencias en apariencia, sometimientos superficiales. Pero hoy sabemos que el miedo no transforma el corazón, sólo lo paraliza. Que la coacción no conduce a la libertad, sino al resentimiento o al rechazo. Que la amenaza no engendra amor, sino distancia.

Quien intente hoy educar desde el miedo, lo único que logrará será el efecto contrario: hastío, indiferencia o incluso desprecio. Si el mensaje cristiano fuera reducido a un conjunto de prohibiciones severas y amenazas veladas, no seduciría a nadie. Porque la verdad del Evangelio no se impone, sino que se propone; no se grita, sino que se susurra al corazón.

Dicho esto, cuando una persona, al fin, toma conciencia de que ha obrado mal, cuando reconoce que hay materia real de pecado, cuando despierta a la verdad de su herida y de la herida que ha causado, entonces surge una pregunta esencial: ¿Qué debo hacer? ¿Qué es el arrepentimiento?

El arrepentimiento no es un simple malestar, ni un arranque emocional. El arrepentimiento verdadero es un deseo sincero de que aquello que ha sucedido sea reparado. Es un anhelo profundo de no volver a tropezar en la misma piedra. Es un movimiento interior que nos lleva a llorar, no tanto por las consecuencias de nuestros actos, sino por haber herido el Amor.

Pero no todo arrepentimiento es igual. Hay dos maneras de arrepentirse, y la diferencia entre ambas es importante. Está el arrepentimiento del soberbio y el arrepentimiento del humilde.

En primer lugar, el soberbio, cuando peca, se enfada. Pero no tanto porque haya hecho el mal, sino porque no soporta haber sido capaz de hacerlo. Le duele más la imagen que tenía de sí mismo que el daño causado. Le molesta haber caído porque eso desmorona la idea inflada que había construido sobre su propia bondad, sobre su supuesto control, sobre su perfección. Hay personas que, si les corriges, reaccionan con violencia, enfado o rechazo. No soportan que les digan que se han equivocado, y si alguien osa señalarlo, lo apartan de su vida.

Conozco a muchos que, al confesarse, vienen con esa tristeza amarga que no es fruto del amor, sino del orgullo herido. "Soy un desastre", "No valgo para nada" —dicen—, pero lo que en realidad les atormenta es que no han estado a la altura de la imagen que tenían de sí mismos. Se sienten sucios, indignos, avergonzados, pero más por el desmoronamiento de su ego que por el daño causado. Necesitan limpiar esa mancha porque les incomoda, porque les irrita que su perfección haya sido manchada. Pero esa limpieza no brota del amor, sino del enfado consigo mismos.

Esto, en la tradición espiritual, se llama atrición. Es un dolor imperfecto, un arrepentimiento motivado más por el temor al castigo, por el miedo al infierno, o por la herida del propio orgullo, que por el amor al Dios herido.

En segundo lugar, hay un arrepentimiento mucho más bello, mucho más fecundo y sanador.

Es el arrepentimiento humilde, el dolor de amor. Lo que la tradición llama contrición.

Este arrepentimiento no nace del miedo ni de la soberbia, sino del amor herido. Es el llanto puro y verdadero de quien dice: «Señor, no me arrepiento por mí, me arrepiento por ti. No merecías que te hiciera esto. No merecías que pusiera sobre tus hombros otra herida, otro peso, otra traición».

La contrición nace cuando uno comprende que todo pecado fue llevado por Cristo a la Cruz. Que cada uno de nuestros actos de egoísmo, de mentira, de violencia, de indiferencia, han sido sufridos por Él en la Pasión. Que nuestras caídas no son sólo asuntos privados, sino que tienen un peso en la historia de la salvación. Y que, cuando pecamos, no sólo nos hacemos daño a nosotros mismos o a los demás, sino que herimos el Corazón de Aquel que nos amó hasta el extremo.

El verdadero arrepentimiento no es un ejercicio de autoexigencia, ni un método de perfeccionamiento moral. No buscamos convertirnos para ser mejores, para ganar puntos, para sentirnos satisfechos. La conversión no es una técnica de mejora personal. Es un movimiento de amor.

Cuando el alma se convierte, lo hace porque ha reconocido que ha dañado el amor, que ha traicionado la confianza, que ha rechazado la ternura. Y entonces, con humildad y lágrimas, dice: «Señor, lo siento. No por mí. Por ti».

El soberbio detesta su pecado porque ha decepcionado la imagen que tenía de sí mismo. El humilde detesta su pecado porque ha herido a Dios. Porque sabe que la Cruz que Jesús cargó estaba ya saciada con el peso de sus faltas.

Esta es la purificación profunda del corazón. No consiste en borrar una mancha exterior, ni en aplacar una conciencia inquieta. Consiste en permitir que el amor entre hasta el fondo de nuestras heridas, de nuestras decisiones equivocadas, y las transforme.

Ser cristiano no es embarcarse en un proyecto de superación personal. No buscamos ser irreprochables, ser los mejores, tener un expediente limpio. No es un juego de méritos ni de puntuaciones. Lo que buscamos es aprender a amar. Llenarnos de amor. Dejar que el amor sane, purifique y transforme nuestra historia.

Por eso, cuando somos conscientes de haber rechazado el amor, cuando reconocemos que hemos destruido, que hemos herido, que nos hemos hecho daño a nosotros mismos o a los demás, el único camino posible es el arrepentimiento humilde, sencillo, verdadero. Un arrepentimiento que brota del amor y nos devuelve al amor.

No olvidemos un último matiz. Cuando acumulamos años y la vida ya no es una promesa sino un camino recorrido, uno mira hacia atrás y descubre que, al final, lo que más pesa no son tanto los pecados que ha cometido —que no son pocos—, ni los errores, ni siquiera las caídas estrepitosas. Lo que más duele, lo que más hiere, lo que más desgarra el alma son las omisiones. Las oportunidades perdidas. Los momentos en que podíamos haber amado y no lo hicimos. Las veces en que pudimos haber dicho «te quiero», «gracias», «perdóname»... y nos callamos. Las veces en que pudimos haber tendido la mano y la guardamos en el bolsillo.

Nos cuesta darnos cuenta, pero quizás el mayor pecado no es lo que hemos hecho mal, sino todo el amor que no hemos querido, que no hemos sabido, que no hemos tenido el coraje de dar.

Ahí también está la verdadera conversión. Cuando uno descubre, no sólo que ha herido, sino que ha dejado de amar. Cuando uno comprende que la vida no era una carrera, ni un podio, ni un juego de méritos. Que no se trataba de ser el mejor, el más aplaudido, el más exitoso, sino de amar y dejarse amar.

Nos pasamos media vida creyendo que la meta era subir un escalón más, ser reconocidos, estar por encima, destacar, que nos miren, que nos aplaudan, que nos consideren imprescindibles. Y en esa carrera absurda, en ese afán de llenar el propio ego, nos olvidamos de lo esencial. Pensamos que la vida era un escaparate y nos olvidamos de que era un don. Nos creímos protagonistas y olvidamos que estábamos llamados a ser servidores.

Las palabras de San Agustín resuenan con fuerza: «Tarde te amé, hermosura tan antigua y tan nueva, tarde te amé»[5]. Porque descubrimos que hemos gastado tanto tiempo en frivolidades, en necedades, en distracciones, en naderías… que la vida se ha ido como agua entre los dedos, y que muchas veces la hemos vivido de espaldas al amor.

«Crea en mí, oh Dios, un corazón puro»[6], clama el salmista. Y ese corazón puro no es el que nunca ha caído, sino el que reconoce que podía haber amado más y no lo hizo.

Quizás no tenemos grandes pecados que contar. Quizás no hemos cometido crímenes, ni

---

[5] San Agustín, *Confesiones* (trad. M. Cortés y A. Rubio), BAC, Madrid 1991, X, 27, 38.

[6] Sal 51, 12.

grandes traiciones, ni escándalos visibles. Pero la pregunta clave no es esa. La pregunta es: ¿He amado todo lo que podía haber amado? ¿He sido para los demás lo que ellos tenían derecho a recibir de mí? ¿He estado tan pendiente de mí mismo que he descuidado la vida de los otros?

Y entonces, cuando uno hace ese examen honesto, comprende que muchas veces ha vivido para sí, encerrado en sus intereses, en sus preocupaciones, en sus aspiraciones, olvidando que la vida está, sobre todo, para ser entregada.

Pensemos, por ejemplo, en la parábola del rico Epulón[7]. Jesús no dice que aquel hombre fue condenado por lo que comía, ni por lo que vestía, ni por sus banquetes. No fue su riqueza la causa de su condena. Lo que lo perdió fue su ceguera voluntaria, su omisión culpable. Tenía, cada día, un pobre en su puerta. Un hombre herido, abandonado, invisible. Y no fue capaz de mirarle. No fue capaz de acercarse. No fue capaz de abrirle la puerta. Expulsó de su mundo a los pobres, a los pequeños, a los insignificantes. Y ahí estuvo su pecado: en la indiferencia, en la omisión, en la falta de amor.

El arrepentimiento verdadero es un deseo sincero y profundo de reescribir la historia, de

---

[7] Lc 16, 19-31.

llenar de amor los espacios vacíos y cubrir con ternura las grietas de nuestra vida.

Porque Dios, que es el Señor del tiempo, puede hacer que todo el amor que no supimos dar, que todas las palabras que no dijimos, que todos los gestos que omitimos, sucedan ahora, en este instante, si nos abrimos a Su gracia. Él es capaz de tomar nuestro pasado y transformarlo, de llenar nuestros vacíos y restaurar lo que no supimos construir.

Ser cristiano también es desear, con todas las fuerzas, que todo lo que no hayamos vivido en el amor sea rescatado, redimido y transformado.

Por eso nos confesamos. Por eso, aunque nos dé vergüenza, nos arrodillamos Por eso comenzamos cada Eucaristía reconociendo nuestras faltas y diciendo: «He pecado mucho de pensamiento, palabra, obra y omisión». porque sabemos que sólo desde la humildad, desde la verdad, desde el reconocimiento de nuestras heridas, puede darse la revelación de Jesús.

La conversión es un susurro de amor que nos llama a dejar de vivir para nosotros mismos y a empezar a vivir para Dios y para los demás.

SEXTA MEDITACIÓN: LA GRACIA

«La Gracia es el favor, el auxilio gratuito que Dios nos da para responder a su llamada: llegar a ser hijos de Dios, partícipes de la naturaleza divina y de la vida eterna. La Gracia es participación en la vida de Dios. Nos introduce en la intimidad trinitaria. Precede, prepara y suscita la respuesta del hombre; lo conduce a la conversión y lo acompaña. Es gratuita, inmerecida, y sin embargo necesaria para obrar la salvación. La Gracia santificante nos hace agradables a Dios y nos capacita para vivir como hijos suyos, unidos a Cristo».

(*Catecismo de la Iglesia Católica*, 1996–2001)

LLENAR LAS TINAJAS HASTA ARRIBA

Ser creyente no consiste en que todo vaya bien. No es una garantía de éxito, ni la promesa de que la vida será siempre luminosa y sin heridas. Al contrario: ser creyente es, precisamente, mantener firme la certeza de que somos amados incluso cuando todo parece derrumbarse, cuando las sombras se alargan y el sufrimiento parece tener la última palabra.

El verdadero milagro no es que la vida nos sonría, sino que, en medio de la oscuridad, jamás nos cuestionemos que somos amados por Dios. Esa es la gracia suprema: creer en el amor cuando no hay señales, cuando no hay consuelos, cuando todo podría empujarnos a dudar.

Santa Bernardita Soubirous, la humilde muchacha de Lourdes, cuyo testamento espiritual leímos antes, es uno de los testimonios más puros de esta certeza. No fue una mujer virtuosa según los criterios del mundo, ni acumuló grandes obras, ni brilló por sus talentos. Su única riqueza fue la debilidad. Y, sin embargo, en esa debilidad, en esa pobreza interior, fue profundamente amada. No por sus méritos ni capacidades, sino porque Dios se complace en amar a los pequeños y llenar de gracia a los que no tienen nada propio que ofrecer.

En el momento final de su vida, le pidieron otra vez que jurara haber visto a la Virgen Santísima. Y la respuesta de Bernardita fue sencilla, desarmante, luminosa: «Me han amado. He amado»[1]. No pudo dar un testimonio más ver-

---

[1] Marcelle Auclair, Vida de Santa Bernardita, Ed. Paulinas, Madrid, 1985.

dadero, más profundo, más teológico. Porque, al final, toda la vida cristiana podría resumirse en esas dos frases: me han amado; he amado. No hay otro juicio, no hay otra medida.

También Benedicto XVI, moribundo, con voz apenas audible, pronunciando sus últimas palabras, dijo: «Jesús, te amo». Era la expresión más pura y sencilla de todo un camino espiritual, el resumen último de una vida entera.

Ser amado cuando se es pequeño y sin nada propio que ofrecer, produce un gozo inconmensurable. Un gozo que el soberbio, que cree merecer el amor, nunca podrá conocer.

Por eso, Jesús dice: «Llenad las tinajas de agua». Llenadlas hasta arriba. No dejéis espacios vacíos, no pongáis límites a la gracia, no os reservéis rincones para vosotros solos. Llenadlos de Espíritu Santo. Dejad que el amor de Dios inunde cada rincón, cada herida, cada fragilidad.

Ese es el camino del discípulo. No es un proyecto de méritos, sino un milagro de gracia. No es un esfuerzo voluntarista, sino una rendición confiada.

Al final, todo se reduce a esto: dejarnos llenar, reconocer que nuestra vida no puede transformarse por nuestras propias fuerzas, sino sólo por la acción silenciosa y poderosa de la gracia de Dios.

Como el buen ladrón en el Calvario, que no tuvo tiempo de acumular méritos, pero que en un instante abrió su corazón y dijo: «Jesús, acuérdate de mí cuando estés en tu Reino»[2]. Y la respuesta de Cristo no fue un juicio, sino una promesa: «Hoy estarás conmigo en el Paraíso»[3].

Y es que Dios nunca deja de llenar nuestras tinajas, por vacías que estén, si tan solo nos atreviéramos a presentárselas abiertas.

LLENA TU PROPIA TINAJA: DEJA QUE EL ESPÍRITU TE HABITE

Jesús habla con símbolos. No son metáforas poéticas inventadas por San Juan. Son signos que brotan directamente de Cristo, que contienen algo de su misterio. Y entre todos ellos, hay uno que se repite con fuerza, una imagen que vuelve y vuelve en sus labios como una promesa silenciosa: el agua. El agua es para Jesús el gran signo del Espíritu Santo. Agua que no se queda en la superficie, sino que penetra hasta lo más hondo. Agua que no moja solamente, sino que da vida.

Piensa en Nicodemo. Aquel hombre que se le acercó de noche, tal vez con más inquietud que

---

[2] Lc 23, 42.
[3] Lc 23, 43.

certeza, para preguntar al Maestro por su doctrina. Y Jesús no le respondió con una serie de consejos o con un programa de mejora personal. Le dijo algo mucho más radical: «Hay que volver a nacer»[4]. Nacer del agua y del Espíritu. Es decir, hay que recibir una vida nueva, que no viene de ti. Una vida que no se puede fabricar ni controlar. Sólo se puede acoger.

En otro momento, Jesús se sienta junto al brocal de un pozo. Está cansado del camino, pero sobre todo está sediento. Y cuando la samaritana se acerca, le dice unas palabras que todavía hoy siguen vibrando: «Si supieras el don de Dios...»[5]. Qué frase tan sencilla e infinita. Si supieras. Si apenas sospecharas lo que el Padre quiere darte... tú serías quien me pediría de beber, y yo pondría dentro de ti un manantial inagotable que salta hasta la vida eterna[6].

Ese manantial es el Espíritu Santo. Y más adelante, ya casi al final, cuando la tensión crece en Jerusalén y las sombras se alargan, Jesús se alza en medio del templo y grita: «El que tenga sed, que venga a mí y beba»[7]. Y san Juan, con ternura

---

[4] Cf. Jn 3, 3.
[5] Jn 4, 10.
[6] Ibid.
[7] Jn 7, 38.

de discípulo que ha entendido desde dentro, nos aclara: «Se refería al Espíritu Santo, que todavía no había sido dado»[8].

Entonces, vuelve a Caná. Vuelve a escuchar esa indicación de Jesús: «Llenad las tinajas de piedra. Llenadlas hasta arriba». Y comprende. No era sólo una preparación para el milagro del vino. Era una imagen del corazón. De tu corazón. "Llénate del Espíritu. Hasta el borde". No a medias. No con reservas. No dejando zonas sin tocar. Hasta arriba. Hasta rebosar. De eso se trata.

Porque sólo el Espíritu Santo es el Señor y dador de vida. No hay otro. Sólo Él puede levantar lo que está muerto en ti. Sólo Él puede fecundar lo que se ha secado y darte una vida que no se agota.

Ser cristiano es dejar que lo divino suceda en ti. No sólo saberlo, no sólo creerlo desde fuera. Es vivirlo. Es permitir que algo que no nace de este mundo, que no pertenece a ningún orden creado, irrumpa en tu carne, en tu alma, en tus días. Eso es vivir de la gracia. Y eso no se puede fabricar. Sólo se puede pedir y recibir. Es como abrir las manos y dejar que el agua te llene.

A veces nos cuesta entender esto, porque vivimos en un mundo que todo lo quiere resolver

---

[8] Jn 7, 39.

desde dentro del hombre. Siempre hay heridas que necesitan ser nombradas, comprendidas, integradas. Un buen psicólogo sabe ayudarte a ver de dónde vienen tus obsesiones, tus miedos, tus distorsiones. Y sabe acompañarte a desmontarlas, a sustituirlas por verdades más luminosas. Eso está muy bien. Es necesario.

Pero la gracia va más allá. Nosotros, en el anuncio del Evangelio, en la celebración de los sacramentos, en la escucha mutua y en la oración, no solo damos buenos consejos. Proclamamos una presencia. Y no una presencia simbólica, sino real. Decimos que Dios actúa. Decimos que una fuerza que no es nuestra puede levantarnos. Y eso cambia todo. Porque no se trata de sacar fuerzas de donde no hay, ni de arreglar lo que está roto con las propias manos. Se trata de dejar que el Espíritu venga. Que entre y nos transforme.

Volvamos una vez más a las tinajas. No te las imagines sólo como objetos antiguos en una fiesta de bodas. Míralas como una imagen de ti. Tinajas vacías. De piedra. Un poco olvidadas y desgastadas. Y Jesús te dice: "Llénalas". No con vino, no todavía. Llénalas con agua. Con el agua del Espíritu. Llénalas con lo que no sabes que necesitas. Porque esa agua será transformada, sí. Pero antes necesita estar ahí. Necesita ocupar el espacio.

En el comienzo del libro del Génesis, el Espíritu ya está presente. Antes de todo. Cuando aún no hay forma ni luz, el Espíritu de Dios se cierne sobre las aguas[9]. Aletea. Sobrevuela. Habita. Por eso la Iglesia, desde los primeros siglos, ha entendido que el agua no es sólo un símbolo exterior, sino una huella del Espíritu: en el bautismo, en los ríos del paraíso, en los manantiales de gracia, en las lágrimas que purifican, en los torrentes que irrigan lo seco.

Por eso muchas veces representamos al Espíritu Santo como un manantial. Porque no se impone. Brota. Porque no se gasta. Fluye. Porque no se puede poseer. Pero sí recibir.

La gracia que te habita: vive de Cristo, no de ti

Nuestra razón de ser no está en hacer muchas cosas para Dios, ni siquiera en entenderlo todo, sino en dejarnos llenar por su Espíritu. Dejar que el Espíritu Santo entre en nosotros como entra el agua en la tinaja vacía. Esa es nuestra vocación más profunda: acoger el don, abrirnos al Aliento de Dios.

Porque sólo el que se deja llenar por el Espíritu puede vivir de Cristo. Sólo quien se rinde

---

[9] Gn 1, 2.

al don puede permanecer en Él. Vivir en Cristo. Vivir de Cristo. Como el niño en el seno de su madre, que no sobrevive por su propia fuerza, sino que se alimenta a través del cordón umbilical. Si ese lazo se cortara, el niño no podría subsistir. Así también nosotros: nuestra vida verdadera no depende de nuestras fuerzas, sino de un vínculo vital con Cristo. Y ese vínculo se llama Gracia. Por eso, vivir de Cristo es hacer de Él nuestro principio vital, nuestro espacio, nuestro oxígeno, nuestra raíz. Nuestra identidad.

Ser cristiano no es tener ideas sobre Cristo, ni sentimientos hacia Él, sino permitir que Él viva en nosotros. Que suceda en nosotros. Que forme parte de nuestro ser. Hasta que podamos decir, sin pretensión, pero con verdad: "Cristo es parte de mí. Sin Él, no soy yo". Como lo dijo san Pablo, muchos años después: «Ya no soy yo quien vive, sino Cristo quien vive en mí»[10]. Esto es lo que ocurre en el bautismo.

Cristo sucede en ti. No como una influencia lejana, sino como una presencia íntima y escondida que crece desde dentro. Eso es gracia. Eso es lo que sólo el Espíritu Santo puede hacer, porque es capaz de transformar el agua en vino y no sólo en Caná. También en ti. Él toma

---

[10] Gal 2, 20.

lo sencillo y lo vuelve sublime. Lo ordinario se vuelve extraordinario. Lo pequeño se convierte en algo inmenso. Lo pasajero cobra valor eterno. Así obra la gracia. Y lo más desconcertante es que esto no se puede comprar, ni exigir, ni fabricar. Se nos da. Gratuitamente. Porque la gracia viene de "gratis". No se merece. No se reclama. Se pide.

No caigas en la tentación de pensar que Dios te debe algo, que tiene la obligación de escucharte, de responder, de actuar. Dios no tiene ninguna deuda contigo. Él te lo ha dado todo sin que tú lo pidieras. Te dio la vida natural sin pedirte permiso. Nadie te preguntó si querías existir, simplemente la vida te fue dada. ¿Y ahora quieres exigir la vida sobrenatural como si fuera un derecho? No. La gracia se suplica. No se exige.

¿Quieres vivir de tus fuerzas naturales, o quieres vivir de unas fuerzas que no son tuyas? ¿Quieres apoyarte en lo que controlas, o te atreves a confiar en una fuerza que te supera? Hagamos esta elección radical: vivir de la gracia. Buscarla. Esperarla. Dejar que sea ella la que lleve el protagonismo. Ser instrumento, no dueño. Ser canal, no fuente. Ser pobre, pero lleno.

Dios no da la gracia a los más inteligentes, ni a los más capaces, ni a los más exitosos. Si no tienes fe en la gracia, no estás viviendo como cristiano. Puedes ser religioso, puedes tener valores, pero no estás caminando en la lógica del Evangelio.

Toda la Escritura, todo el Antiguo Testamento, los Salmos una y otra vez lo repiten: no es con espadas, ni con ejércitos, sino con el Espíritu del Señor. «Mi fuerza y mi poder es el Señor»[11]. Esa es la única fuerza que no se agota.

Mira la historia de Israel. Un pueblo pequeño, rodeado siempre por imperios que querían destruirlo: Egipto, Asiria, Babilonia, Persia, Roma... Y sin embargo, no pudieron con él. ¿Por qué? ¿Porque era fuerte militarmente, porque tenía minas de oro, o riquezas ocultas? No. Porque fue elegido. Y la elección de Dios es irrevocable. Fue pura gracia. Y esa elección sigue viva en ti.

La gracia no sólo se manifiesta en la súplica, en la oración silenciosa, en la adoración. También se revela con fuerza en la caridad. En ese modo de dar que no retiene. En ese vaciarse que, misteriosamente, es la forma más plena de llenarse. Porque cuanto más das, más te dan. Cuanto más confías, más puedes recibir. Cuanto más te arriesgas, más se despliega la gracia. Ella no crece en las

---

[11] Ex 15, 2.

seguridades, sino en la confianza. En esa valentía de soltar los planes y abrir los brazos.

Es ahí donde el Espíritu actúa con más fuerza.

EL HILO INVISIBLE: DÉJATE TEJER POR LA GRACIA

Uno de los grandes dramas del hombre de hoy es que ya no se busca lo trascendente. Se ha perdido el asombro por lo divino.

En lugar del Dios vivo, muchos han colocado sustitutos. Algunos han hecho de la ecología una religión. Otros han entronizado el cuerpo como un absoluto, como si la salvación viniera por el bienestar físico o la autosuperación. Y no es que esas realidades sean malas. Pero no salvan ni llevan a la vida eterna. Son reflejos, no la fuente. Y cuando el corazón se queda en el reflejo, pierde el agua verdadera.

No te conformes con lo que puedes ver, calcular o controlar. Abre espacio en ti para el don del asombro. Deséalo. Invócalo. Llámalo. Búscalo. Porque el que busca, encuentra[12]. Y lo encontrarás en la oración. Pero también en el amor concreto, en la caridad vivida. En el olvido de ti mismo. En el don silencioso. En la entrega sin condiciones.

---

[12] Cf. Mt 7, 8.

El Espíritu Santo siempre llena el espacio que tú vacías. Cuanto más te vacías de ti mismo, más puede Él habitarte. Y esa es, al final, la fuente de vida del cristiano. No hay otra.

Te preguntarás: "¿Cómo actúa la gracia en mí? ¿Cómo actúa el Espíritu Santo?". Vayamos al símbolo que Jesús mismo nos ofrece: el agua. Donde hay agua, hay vida. Y donde falta el agua, la vida se marchita. Así es el Espíritu en ti. Donde Él habita, la vida florece. Donde Él está, hay fecundidad.

Pero el agua también limpia. El Espíritu Santo purifica tu alma de todo lo que la ensucia: impurezas, mentiras, mezquindades, durezas. Es ese torrente silencioso que va lavando lo que oscurece, lo que duele, lo que hiere. Y no lo hace violentamente. Lo hace con dulzura, como el agua que corre y arrastra lo que estorba.

Y además, como el agua, el Espíritu reconforta cuando estás cansado. Cuando el camino se hace largo, cuando tu alma se agota, Él viene y te da aliento. Te fortalece. Te hace capaz de seguir cuando pensabas que ya no podías más. Porque la gracia no es una idea. Es fuerza real. Es apoyo. Es capacidad nueva. Y no es tuya. Te viene de Otro.

Jesús lo dijo con palabras que atraviesan los siglos: «Yo soy la vid, vosotros los sarmientos. Si un sarmiento se separa de la vid, se seca, y no sirve más que para el fuego»[13]. Y repite con insistencia: «Sin mí, no podéis hacer nada»[14]. Nada. ¿Lo crees de verdad? ¿Lo vives así?

Quizá digas: "Yo he hecho muchas cosas sin la gracia". Claro que puedes hacer muchas cosas. Puedes componer música, escribir libros, levantar imperios, ganar dinero. Pero si lo haces sin la gracia de Dios, todo eso es estéril. Todo eso se queda en la superficie. No atraviesa la muerte. No permanece.

Solo lo que haces en comunión con el Espíritu tiene peso eterno. Sólo lo que se hace desde esa unión secreta con Dios da unidad y sentido a tu vida. Porque sin esa unión, tu vida es como un collar roto: muchas cuentas bonitas, muchos momentos intensos, pero sin hilo que las sostenga. Se desparraman. Se pierden.

La gracia es ese hilo invisible. Esa conexión secreta que da coherencia a tu historia. Cuando está presente, cada acto se encadena al siguiente con sentido. Como las perlas de un collar, tus días se unen en una lógica de amor. No porque tú sepas organizar tu vida, sino porque el Espíritu la va tejiendo desde dentro.

---

[13] Jn 15, 5.
[14] Ibid.

La va uniendo. Va construyendo en ti un templo. Un lugar sagrado.

Y lo más hermoso es que ese hilo conductor, aunque invisible, es real. Y no sólo da valor a cada cosa que haces, sino que te transforma. Te convierte poco a poco en ese espacio donde Dios puede habitar. Porque eso eres: un lugar donde Dios quiere vivir. Y su gracia es la que lo hace posible.

Todo es gracia: la discreta coherencia de lo sencillo

Hay un detalle que san Juan conserva con ternura al final del Evangelio. Cuando Jesús muere, y el soldado atraviesa su costado con la lanza, dice que de su costado brotó sangre y agua[15]. Agua. Otra vez el agua. Y desde entonces, la Iglesia ha visto en ese momento el nacimiento de los sacramentos. La fuente de la gracia. El Espíritu que se da. El mismo símbolo que empezó en Caná se cumple en la Cruz. Caná es un anticipo. Un pequeño umbral de lo que vendrá: la pasión, la muerte, la resurrección. Y, sobre todo, la Eucaristía.

Porque es en la Eucaristía donde el costado de Cristo sigue abierto para ti. Cada vez que

---

[15] Cf. Jn 19, 34.

participas en la Misa —aunque no comulgues sacramentalmente, aunque solo hagas una comunión espiritual— estás acercándote a ese costado herido y glorioso. Estás bebiendo de esa fuente de agua viva. Estás recibiendo al Espíritu. En cada Eucaristía se repite el milagro de Caná, pero de modo sacramental y definitivo. Lo ordinario se convierte en vida eterna. El agua en vino. El pan en Cuerpo. Lo temporal en Eterno.

Incluso en los signos litúrgicos, la Iglesia recuerda esta unidad. Al preparar el cáliz, el sacerdote mezcla un poco de agua con el vino. Y no lo hace por costumbre sino para decir que en cada Misa se unen nuestra humanidad (el agua) con la divinidad (el vino). Y que, al unirlas, nuestra pobre agua se transforma. Porque Dios hace las cosas muy bien. Todo en Cristo tiene coherencia. Todo en Él se ordena con una lógica perfecta. Es lo que la Iglesia llama la analogía de la fe: la unidad misteriosa de todo lo que creemos. Nada está fuera de lugar. Todo encaja y se convierte en gracia.

Fíjate en las tinajas de Caná. No eran gigantescas. Cabían unos cien litros en cada una. Cada una según su capacidad. Pero todo lo que se llenó de agua, se convirtió en vino. Y esto nos habla también de ti. No importa cuánto puedas contener. Lo que importa es que te dejes llenar. Porque todo lo que entregues, todo lo que pongas en manos de Dios, será transformado.

Aquí hay algo que necesitas recordar: no sueñes con vidas sublimes. No necesitas visiones místicas, ni experiencias sobrenaturales extraordinarias. De verdad, no hace falta. Tu vida, vivida con sencillez, con fidelidad, con amor cotidiano, puede ser absolutamente maravillosa. Caná es un canto a la vida sencilla. A unos novios que, con buena voluntad pero poca previsión, hicieron lo que pudieron. Fallaron, sí. Pero habían invitado a Jesús y a María. Y eso lo cambió todo. Cuando Jesús y María están presentes, incluso tu torpeza puede ser ocasión de milagro. Incluso tus errores pueden ser el comienzo de algo nuevo.

Por eso hay que aceptar que Dios no se esconde en lo estrambótico. No busca lo paranormal. Busca el corazón abierto. Su vida en Nazaret significó 30 años de normalidad. Oculta. Inapreciable. Y fue igualmente santa. Barriendo el taller de José o sanando leprosos, Jesús era el mismo. Y cada gesto suyo —pequeño o grande— tenía el mismo valor redentor.

Tú también estás llamado a eso: a vivir lo cotidiano con corazón ofrecido. A dejarte llenar. A vestir ese traje nupcial que es la humildad, la libertad interior, el amor verdadero. A despojarte de los ídolos que te estorban. A revestirte de su gracia. Porque al final sólo es importante una cosa: si has contado con Él. Todo lo que has intentado sin Él, se deshace. Todo lo que has vivido con Él, aunque haya sido doloroso, difícil o incomprensible, siempre lleva a la vida.

SÉPTIMA MEDITACIÓN: EL SERVICIO

«Mediante la fe y el Bautismo, el cristiano entra en comunión con Jesucristo y participa de su filiación. Esta incorporación a Cristo lo hace "hijo en el Hijo", adoptado por el Padre y partícipe de la vida trinitaria. El Espíritu Santo da testimonio a nuestro espíritu de que somos hijos de Dios (cf. Rm 8, 16). Esta dignidad de la filiación divina es el fundamento de nuestra esperanza, de nuestra libertad y de nuestra vocación a la santidad. El cristiano ya no vive como esclavo del temor, sino como hijo amado, que puede decir con verdad: "*Abbá*, Padre"».

(Catecismo de la Iglesia Católica, 257; 1265; 1997; 1709)

DE SIERVOS A AMIGOS: EL MILAGRO DEL SERVICIO Y LA INTIMIDAD

Después de que María, con la ternura y la autoridad de la Madre, avisa a los servidores: «Haced

185

lo que Él os diga», Jesús se dirige precisamente a ellos, a esos servidores humildes, y les dice: «Llenad las tinajas de agua». Y después les dice también: «Sacad ahora y llevadlo al mayordomo»[1].

En todo este milagro que inaugura la manifestación de la gloria de Jesús, hay un tejido invisible pero fundamental: el servicio. Son los servidores quienes, discretamente, sin protagonismo, colaboran con Jesús para que el milagro acontezca. Son ellos quienes, con su obediencia sencilla, hacen posible que el agua sea transformada en vino. Jesús, que podía haber hecho todo sin intermediarios, elige necesitar de ellos. Les da una misión y les hace partícipes de su poder.

Y aquí se revela un aspecto esencial de la lógica del Evangelio: Dios no actúa al margen de nosotros, sino a través de nosotros. Dios no quiere realizar su obra sin contar con las criaturas, sino contando con ellas, implicándolas, vinculándolas a su gloria.

Hay que detenerse y contemplar este detalle. Los servidores son los testigos privilegiados del milagro. El mayordomo, que prueba el vino, no sabe de dónde ha salido. Los invitados, que disfrutan del vino nuevo, tampoco. Ni siquiera los novios. Pero los servidores sí lo saben. Ellos lo

---

[1] Jn 2, 8.

han visto todo, han llenado las tinajas, han obe-decido la palabra, han sido testigos de la trans-formación. Ellos han participado, desde dentro, del milagro.

Esto no es un simple detalle narrativo. Es una revelación teológica. Porque en el Reino de Dios, solo quien sirve es quien lo conoce. Quien se pone a disposición de Cristo es quien entra en la intimidad de su acción. Los grandes, los poderosos, los que disfrutan de los banquetes y los honores, no saben de dónde viene el vino nuevo. Pero los humildes servidores sí lo saben. Porque el servicio abre los ojos, limpia el cora-zón, permite entrar en el secreto de Dios.

Recordad lo que Jesús dirá más adelante a sus discípulos, en la última cena, en el momen-to en que el amor llega hasta el extremo: «Ya no os llamo siervos, porque el siervo no sabe lo que hace su señor. A vosotros os llamo amigos, porque todo lo que he oído de mi Padre os lo he dado a conocer»[2].

El siervo trabaja a sueldo. Hace lo que le man-dan. Cumple órdenes. Pero el amigo conoce el corazón del otro. Participa de sus secretos, de sus anhelos, de sus alegrías y de sus lágrimas. El ami-go no trabaja por un salario, sino por amor.

---

[2] Jn 15, 15.

Y, más aún, Jesús nos conduce de la condición de siervos a la condición de amigos, y de la condición de amigos a la condición de hijos. Porque, al final, lo que Dios quiere no es tener servidores obedientes, sino hijos libres y amados.

La diferencia es radical. El siervo cumple porque tiene que hacerlo, porque se lo exigen, porque es su deber. El hijo actúa porque sabe que lo que gestiona, lo que cuida, lo que trabaja, no es ajeno a él. Es el patrimonio de su padre, y por tanto también es suyo. Su esfuerzo nace del amor, de la pertenencia, de la conciencia de ser heredero.

Por eso, la pregunta que deberíamos hacernos ante este pasaje es sencilla y decisiva: ¿Cómo es mi relación con Dios? ¿Es la relación de un siervo que cumple para no ser reprendido, para satisfacer a un señor que manda desde lo alto? ¿O es la relación de un amigo que conoce el corazón de Cristo y quiere colaborar en su obra? ¿Es la relación de un hijo que sabe que todo lo que el Padre tiene es también suyo?

Porque, en el fondo, la vida cristiana consiste precisamente en este tránsito: pasar de siervos a amigos, y de amigos a hijos. Y ese paso no lo damos por méritos ni por esfuerzos heroicos, sino por gracia, por amor.

Jesús quiere obrar sus milagros a través de servidores que, poco a poco, se convierten en amigos y, finalmente, en hijos. Y lo más hermoso es que esos servidores son testigos privilegiados de la gloria de Dios. Son ellos quienes ven el agua convertirse en vino, quienes conocen el origen de la alegría, quienes saben que detrás del vino nuevo hay un gesto de amor.

Nosotros también somos llamados a ser esos servidores libres. A poner nuestra vida, nuestras manos, nuestra disponibilidad al servicio del Reino. No para buscar honores, ni recompensas, ni reconocimiento, sino para entrar en la intimidad de Dios, para ser partícipes de su acción, para conocer la fuente del vino nuevo.

Porque servir no es rebajarse. Servir es entrar en la dinámica del amor. Y quien sirve con amor deja de ser siervo para convertirse en amigo, y de amigo pasa a ser hijo.

EL HIJO QUE SE DEJA QUERER: LA CONFIANZA QUE NACE DEL AMOR

Lo más grande de tu vida no es tu estado, tu vocación, tus logros, ni tus talentos. Lo más grande de tu vida es ser hijo de Dios. Ese es el título más alto, la dignidad más grande, la verdad más profunda de tu existencia. Todo lo demás —estar casado, ser sacerdote, madre, médico, obispo, viudo, soltero— queda empequeñecido ante esa certeza luminosa: eres hijo, eres hija de Dios. Y eso basta.

Un hijo no es simplemente aquel que comparte un código genético con su padre o con su madre. No es sólo un dato biológico lo que lo define. Un hijo es también —y, sobre todo— quien comparte una historia, un crecimiento, una memoria común, un proceso de aprendizaje, de descubrimiento de la vida, un vínculo que atraviesa la carne y llega al alma.

Ser hijo es entrar en una historia de amor que no has elegido, pero que te configura. Es recibir una herencia que no se reduce a bienes materiales, sino que es, ante todo, un legado de vida, de ternura, de pertenencia.

Por eso, si quisiéramos señalar cuáles son las dos características más hondas y esenciales de un hijo, podríamos decir, en primer lugar, que un buen hijo sabe dejarse querer. Y esto, que podría parecer obvio, no lo es tanto. Dejarse querer requiere humildad, apertura, confianza. Y no siempre estamos dispuestos a ello.

Hay personas que viven atrapadas en sus propias exigencias, que se reprochan continuamente sus errores, que no se perdonan y se juzgan con dureza. Personas que, inconscientemente, proyectan sobre Dios sus propias heridas, sus inseguridades, sus rechazos, y creen que Dios también los mira con recelo, que Dios les guarda rencor, que está esperando la ocasión para reprocharles sus caídas.

Y entonces uno intuye, casi escucha, el susurro de Dios en lo más profundo del alma: «¿Te dejarás querer por mí? ¿Te creerás, al fin, que te quiero por como eres? ¿Te convencerás de que no estoy contra ti, de que no te exijo cuentas, sino que te busco, te sostengo, te amo?».

Dejarse querer es una de las tareas más difíciles y, a la vez, más decisivas de la vida espiritual. Porque muchos creemos, erróneamente, que lo esencial es amar a Dios, cuando en realidad lo esencial es dejarse amar por Él.

La figura paterna aporta, sobre todo, la seguridad, la protección, la fuerza que invita a lanzarse al mundo y afrontar sus retos con autonomía, sin depender eternamente de un cobijo. La figura materna aporta la ternura, la proximidad, el amor entrañable que acoge, que abraza, que sostiene incluso cuando todo falla.

Pero más allá de estas categorías humanas, Dios reúne en sí mismo ambos rostros: el del Padre que protege y envía, y el de la Madre que abraza y acoge. Dios nos cubre las espaldas, pero no para sobreprotegernos, sino para que podamos crecer y ser nosotros mismos. Dios no nos encierra en una burbuja, sino que nos invita a desplegar nuestra libertad, nuestra historia, nuestra vida.

Dejarse querer por Dios es abrirse a esta certeza: que no estamos solos, que alguien cuida de nosotros, que detrás de cada circunstancia, incluso de las más oscuras, hay una mirada de amor que no nos abandona.

Y aquí surge la segunda característica esencial del hijo: la confianza. Saberse hijo es vivir en la confianza. Es saber que, aunque todo se tambalee y se oscurezca, aunque el mal nos visite o el dolor nos atraviese, nada malo puede permitir Dios que no vaya a ser transformado, por su amor, en un bien mayor.

Esto no significa negar el mal ni ignorar el sufrimiento. Sabemos que en esta vida nadie se libra de la cruz. Sabemos que la existencia humana está atravesada por el límite, por la herida, por la pérdida, por la soledad. Todos, antes o después, tendremos que afrontar el peso de la enfermedad, la fragilidad, la vejez, la muerte. No sirve de mucho negarlo o distraerse para no pensarlo.

Pero es ahí, donde se revela la confianza del hijo: saber que, aunque Dios no impida el mal, Él tiene el poder de convertir la cruz en gloria, la tragedia en triunfo, la oscuridad en luz.

Es el misterio de la redención: la Cruz de Cristo no es el fracaso, sino la glorificación del Hijo del Hombre. En la Cruz, el amor ha vencido. Y por eso, para quien vive como hijo, incluso el dolor más grande puede convertirse en ocasión de gracia, de purificación, de crecimiento.

Dios no nos evita una vida sin lágrimas. Nos promete que ninguna lágrima será inútil. No nos promete una vida sin cruz. Nos asegura que la cruz será camino de gloria.

Y paradójicamente, las personas verdaderamente grandes, las almas luminosas, no son las que han tenido vidas fáciles, sin grietas, sin heridas. Son aquellas que han aprendido a ser grandes en lo pequeño, fuertes en la debilidad, fieles en la fragilidad. Son las que han aprendido a confiar en medio de la noche, a dejarse querer cuando todo parecía perdido.

Por eso, ser hijo no es sólo una condición biológica ni un dato religioso. Es una forma de vivir. Es un modo de situarse en la existencia. Es la certeza, grabada en el corazón, de que somos amados incondicionalmente y que, pase lo que pase, la última palabra sobre nuestra vida la tiene el amor.

Parecerse al Padre:
los rasgos divinos en el hijo

Hay una verdad sencilla y a la vez profunda que todos sabemos desde niños: los hijos, de un modo u otro, se parecen a sus padres. Es algo que no necesita demasiadas explicaciones. Basta con mirar un rostro, un gesto, una manera de hablar, un modo de mirar. A veces es la genética la que deja su huella inconfundible. Otras veces, incluso cuando el hijo es adoptado —y no por ello menos hijo—, el parecido se manifiesta en las costumbres, en las reacciones, en los modos de afrontar la vida, en esa forma silenciosa pero real de asumir, casi sin darse cuenta, lo que ha visto y vivido.

Son pequeños hábitos que heredamos sin querer, que forman parte de esa transmisión invisible que modela nuestra manera de estar en el mundo. Hay cosas que, sin proponérnoslas, simplemente nos salen de dentro, porque "las hemos mamado", como dice el refrán castellano.

Cuando tenemos la fortuna de haber recibido de nuestros padres un testimonio noble, una vida entregada, un amor firme, nos gusta oír: «Cómo te pareces a tu madre», «Cómo te pareces a tu padre». Da gusto escuchar eso, porque nos conecta con la raíz, con la historia, con el amor que nos ha sostenido. Y uno desearía, con humildad, llegar siquiera a la suela del zapato de aquellos a quienes admira y quiere.

Ahora bien, si esto es verdad en el plano humano, cuánto más lo es en nuestra filiación divina. Porque si somos hijos de Dios —y no de cualquier dios, sino de un Padre que nos ha amado hasta el extremo—, la pregunta que deberíamos hacernos es inevitable: ¿En qué me parezco yo a mi Padre Dios?

No hablamos aquí, claro, de un parecido exterior, ni siquiera de la herencia de unos talentos o de unas capacidades. Nuestra filiación divina no es biológica, sino espiritual, y nos ha sido dada por gracia. Por el bautismo hemos recibido la vida divina, la "genética espiritual" de Dios, que nos configura con Él. Pero, además, aunque sólo fuera por la cercanía, por la convivencia, por haber caminado con Él, algo de su rostro debería haberse grabado en el nuestro.

La Sagrada Escritura nos dice que fuimos creados a imagen y semejanza de Dios[3]. Hay, por tanto, en cada uno de nosotros una huella divina, una marca indeleble que nos vincula a Él.

Pero la gran pregunta es: ¿Dónde está esa semejanza? ¿En qué rasgos concretos se manifiesta?

No está, por supuesto, en los atributos inalcanzables de Dios: ni en su omnipotencia, ni en su omnisciencia, ni en su eternidad. Nosotros no caminamos sobre las aguas, no multiplicamos los panes, no transformamos la materia. Pero sí hay en nosotros un reflejo de Dios, y ese reflejo es el

---

[3] Cf. Gn 1, 27.

amor. Hay en nosotros un deseo innato de servicio, de participar en la obra de la creación, de colaborar con Él en la construcción de un mundo más justo, más bello, más verdadero.

Hay en nosotros una satisfacción serena cuando hacemos el bien, cuando actuamos movidos por la gratuidad, cuando tendemos la mano al que nos necesita sin que nadie nos lo exija, sin buscar recompensa. Hay en nosotros un impulso de misericordia, una capacidad de perdonar y de seguir ofreciendo nuevas oportunidades. Todo eso no nace de nosotros mismos: es la huella de Dios en nosotros.

Jesús nos lo dijo claramente: «Sed perfectos como vuestro Padre celestial es perfecto»[4]. Y esa perfección no consiste en la impecabilidad, ni en la ausencia de errores, sino en la plenitud del amor. En ser misericordiosos como el Padre es misericordioso. En acoger el amor y dejar que ese amor se haga carne en nuestra vida. En la sencillez.

Porque Jesús, que es el rostro visible del Padre, nos dejó su retrato más fiel no en sus gestos de poder, sino en sus palabras de ternura: «Bienaventurados los pobres de espíritu, porque de ellos es el Reino de los Cielos. Bienaventurados

---

[4] Mt 5, 48.

los mansos, porque ellos heredarán la tierra. Bienaventurados los que lloran, porque ellos serán consolados. Bienaventurados los que tienen hambre y sed de la justicia, porque ellos quedarán saciados. Bienaventurados los misericordiosos, porque ellos alcanzarán misericordia. Bieanventurados los limpios de corazón, porque ellos verán a Dios. Bienaventurados los perseguidos por causa de la justicia, porque de ellos es el Reino de los Cielos. Bienaventurados vosotros cuando os insulten y os persigan y os calumnien de cualquier modo por mi causa»[5].

Cuando Jesús pronuncia las bienaventuranzas, no nos está proponiendo un ideal inalcanzable. Nos está revelando quién es Él. Nos está diciendo: «Así soy yo. Y así es mi Padre».

Por eso, parecerse a Dios consiste en llorar con los que lloran, en ser misericordiosos, en luchar por la paz, en perdonar, en amar a los pobres, en acoger a los pequeños, en abrazar la cruz.

Nuestro parecido con Dios no está en la gloria exterior, sino en la cruz cotidiana. En la fragilidad que se convierte en amor. En la pobreza que se abre a la gracia. En la compasión que no se cansa de volver a empezar.

---

[5] Mt 5, 3-11.

No somos fotocopias de Cristo. Somos hijos de Dios. Y eso significa que, en lo más profundo de nuestro ser, hay una semilla divina, una chispa del amor trinitario, que nos configura con Él. Esa semilla está llamada a crecer, a madurar, a dar fruto. Especialmente cuando la vida nos pone frente al misterio del mal, cuando sufrimos, cuando lloramos, cuando nos descubrimos débiles. Es ahí donde podemos parecernos a Jesús. No en sus milagros, sino en sus lágrimas. No en su poder, sino en su mansedumbre. No en sus gestas, sino en su compasión.

Es entonces, estando enfermos, solos, heridos, cuando nos encontramos con Cristo en nosotros y en los rostros rotos de los que sufren: «Estuve enfermo, tuve hambre, estuve desnudo, fui forastero»[6].

Ahí, en la pobreza y en la debilidad, nos parecemos más que nunca a Jesús. Y ahí, en ese parecido, se revela nuestra filiación divina.

DIOS CONFÍA EN SUS HIJOS: LA FILIACIÓN QUE TRANSFORMA

Siempre me ha parecido asombroso, casi incomprensible, que Dios, siendo quien es, haya

---

[6] Cf. Mt 25, 25-40.

decidido confiar tanto en nosotros. Que haya puesto en manos de unos pobres hombres —frágiles, débiles, limitados— algo tan grande como su Iglesia, su obra, su sueño para la humanidad. Es un misterio que, cuanto más se contempla, más desborda.

Pero, si lo pensamos bien, ahí se revela algo esencial de Dios: su corazón generoso que no se guarda nada para sí. Dios no se comporta con nosotros como un patrón que vigila celosamente su herencia. No nos trata como simples siervos que ejecutan órdenes. Dios nos mira como hijos, y a los hijos se les da todo.

Cuando uno es padre o madre, sabe que todo lo que tiene, todo lo que ha construido y soñado, es para los hijos. No porque ellos hayan hecho méritos para recibirlo, sino porque el amor no sabe guardarse nada. Así es Dios. Nos mira y nos dice: «Hijo, todo es para ti. Todo lo he hecho pensando en ti. Esta casa, este mundo, esta historia, este cielo… todo es tuyo. Ojalá lo disfrutes, ojalá lo cuides, ojalá lo recibas».

Recuerdo una anécdota sencilla pero reveladora. Un hombre decía un día, en tono sereno y confiado: «Cuando me muera, no tengo miedo. Porque cuando llegue a la puerta del cielo y me pregunten quién soy, sólo diré: soy el hijo del dueño. Y me dejarán pasar». No por mis méritos, no por mis obras, sino porque soy hijo. Porque pertenezco. Porque llevo en mí la sangre y el aliento de mi Padre.

La carta a los hebreos dice algo asombroso y profundamente humano sobre Jesús: que aprendió a ser hijo sufriendo[7]. Es un misterio hondo, que toca nuestra propia experiencia. Uno no nace sabiendo ser hijo. Lo va descubriendo poco a poco, a veces demasiado tarde, cuando la vida ha pasado y los padres ya no están.

Quién no ha sentido, con el paso de los años, ese lamento suave pero punzante al mirar atrás y darse cuenta de cuánto costaba valorar a los padres cuando estaban cerca. De adolescente, uno busca independencia, se cree autosuficiente, quiere marcar distancia. Pero después, cuando la vida golpea, cuando la madurez llega, uno comprende todo lo que los padres han hecho, todo lo que han dado, todo lo que han callado y sostenido.

Y entonces uno se descubre heredero, no sólo de un patrimonio material, sino de algo infinitamente más grande: de una historia, de una sabiduría, de un amor que te ha precedido y te sostiene.

---

[7] Cf. Heb 2, 10.

Así es Dios con nosotros. Padre y Madre que no cesa de donarse, que constantemente nos transmite su vida y nos entrega lo que es suyo para que lo vivamos como nuestro. Nos llama a vivir en su casa, a compartir su mesa, a participar en su empresa, que no es otra que el cosmos entero, la creación entera, la historia de la humanidad entera.

Participar de la filiación divina es saberse invitado a formar parte del proyecto de Dios. No como empleados, ni como siervos, sino como hijos. Es aceptar que nuestra vida tiene un sentido que nos supera, que estamos llamados a colaborar en la gloria de Dios, no desde la fuerza, sino desde la confianza, desde la gratitud, desde la humildad de quien sabe que todo lo ha recibido.

Ser hijo de Dios es, en definitiva, vivir con la certeza de que nada nos pertenece y, al mismo tiempo, todo nos ha sido regalado. Es vivir con la confianza de que, al final del camino, cuando llamemos a la puerta del cielo, la respuesta será siempre la misma: «Pasa, hijo mío. Todo esto es tuyo».

OCTAVA MEDITACIÓN: COMUNICACIÓN, COMUNIÓN Y JUSTICIA

Dios ha creado al hombre para hacerle partícipe de su vida bienaventurada. Esta comunión con Él es el fin último de la creación, y toda la historia de la salvación no es sino la historia de esta alianza entre Dios y el hombre. Vivir en comunión con Dios es caminar con Él, responder a su llamada y permanecer en su amor. Cristo nos revela que esta comunión es filial: "Ya no os llamo siervos… os he llamado amigos" (Jn 15, 15). La vida de oración, los sacramentos y la gracia alimentan esta unión viva con el Dios vivo».

(*Catecismo de la Iglesia Católica*,
1; 2558; 2565)

El vino mejor al final: la lógica de Dios y la madurez del corazón

Cuando Jesús obra el milagro, el mayordomo probó el agua convertida en vino y, sin saber de dónde venía, llama al esposo y le dice: «Todo el mundo sirve primero el vino bueno y, cuando ya han bebido bastante, el inferior. Tú, en cambio, has guardado el vino bueno hasta ahora»[1].

En apariencia, es una simple conversación entre el encargado del banquete y el novio. Pero encierra un mensaje profundo, que es clave para comprender el estilo de Dios, su pedagogía, su lógica desconcertante y misericordiosa: lo mejor siempre sucede al final.

La estrategia constante del mundo, del demonio y de la carne —los tres enemigos clásicos del alma que la tradición cristiana ha identificado— es ofrecer lo mejor al principio y lo peor al final. Te seducen con promesas brillantes, con placeres inmediatos, con fuegos artificiales que deslumbran al comienzo, pero cuyo resplandor se apaga pronto, dejando tras de sí un poso amargo, un vacío imposible de llenar.

Es la trampa constante del pecado, que seduce al alma con un brillo pasajero para después dejarla más vacía, más sola, más rota.

Curiosamente, también en la vida tendemos a pensar así. Creemos que lo mejor está al principio: la infancia feliz, la juventud vibrante, la fuerza de los años mozos. Y cuando llegamos

---

[1] Jn 2, 10.

a la madurez o a la vejez, cuando el cuerpo se cansa y la vida parece apagarse, pensamos que todo lo bueno ya ha pasado, que lo mejor ha quedado atrás.

Pero esa no es la lógica de Dios. La lógica de Dios es la contraria: lo mejor siempre está al final.

El plan de Dios no es que la vida vaya de más a menos, sino de menos a más. La última palabra no es la muerte, sino la vida. La última palabra no es la pérdida, sino la plenitud. La última palabra no es el cansancio, sino la gloria.

El vino mejor siempre está reservado para el final

Por eso, cuando uno mira su vida con ojos de fe, comprende que la madurez, la ancianidad, la fragilidad, incluso la enfermedad o la soledad, no son el tiempo de la decadencia, sino el tiempo de la purificación, de la comunión plena, del amor definitivo.

A veces nos sorprendemos pensando que, cuando éramos jóvenes y nos convertimos, éramos más fervorosos, más entregados, más capaces. Y ahora que los años pesan, que el cuerpo se cansa, que las relaciones se complican, que la familia no siempre responde, pensamos que ya no servimos, que nuestra vida es un estorbo, que ya no podemos dar nada.

Y, sin embargo, es justamente aquí donde Dios reserva su mejor vino. Cuando nuestras fuerzas se acaban, cuando nuestras seguridades se desmoronan y nuestra vida nos lleva por caminos de debilidad y purificación, Dios está realizando en nosotros su obra más perfecta.

Porque lo mejor de la vida cristiana no es lo que hacemos, sino lo que permitimos que Dios haga en nosotros. Y eso suele suceder cuando ya no tenemos nada que ofrecer, cuando sólo podemos dejarnos amar.

El mayordomo, al probar el vino, se sorprende. Pero detrás de esa sorpresa hay una enseñanza divina: Dios cuenta con el tiempo, y su revelación es progresiva. No se nos da todo al principio. Su plan no es un fogonazo que deslumbra de golpe, sino un amanecer que va creciendo, que se despliega poco a poco, que alcanza su plenitud al final.

Y aquí conviene detenernos en algo importante: la inmadurez espiritual consiste, precisamente, en quererlo todo ya. En no saber esperar. En no tolerar la frustración.

Vivimos en una época profundamente inmadura, marcada por la intolerancia a la espera, por la impaciencia, por el deseo de gratificación inmediata. Queremos que todo se resuelva al instante, que nuestros problemas se solucionen ya, que nuestras oraciones tengan respuesta inmediata, que el sufrimiento desaparezca sin demora.

Pero Dios no actúa así. Dios tiene su tiempo. Y su tiempo es siempre el mejor, aunque no coincida con el nuestro.

Es propio de las personas inmaduras, quererlo todo pronto, no aceptar los límites, rebelarse ante la demora. Y podemos tener 20, 40, 70 u 80 años y seguir siendo inmaduros espiritualmente, incapaces de aceptar que la vida no está en nuestras manos, que no podemos controlarlo todo, que el vino bueno llega cuando Él quiere, no cuando nosotros lo exigimos.

La madurez cristiana consiste en aprender a esperar. En confiar en que el vino mejor está por llegar. En saber que, aunque ahora todo parezca oscuro, el final será luz.

Además, hay un detalle más en este relato que no conviene pasar por alto: un entramado de relaciones, de comunicación: María con Jesús, Jesús con los sirvientes, el mayordomo con el novio. Todo sucede en el marco de la relación, del encuentro, de la comunicación.

Esto nos recuerda que no somos islas, que no hemos sido creados para la soledad, sino para la comunión. Como decía Luigi Giussani, «yo soy un tú que me haces»[2]. No somos plenamente nosotros mismos sino en la relación con el otro, en el don, en la reciprocidad.

La vida cristiana no es un camino solitario. Necesitamos del otro para ser quienes somos. Necesitamos ser mirados, acogidos, amados. Y necesitamos, a nuestra vez, mirar, acoger, amar.

Por eso, el milagro de Caná no es sólo la transformación del agua en vino. Es también la revelación de que la vida, cuando es vivida en relación, en apertura, en don, en espera confiada, acaba siempre en fiesta. Y que el vino mejor, el vino de la comunión, de la alegría, de la plenitud, está reservado para el final.

COMUNICACIÓN Y COMUNIÓN:
EL LENGUAJE DE LA VERDAD Y DEL AMOR

Hay dos actitudes que son esenciales en la vida cristiana, dos actitudes sin las cuales el Evangelio se vacía de contenido y la fe se convierte en un formalismo vacío: la comunicación y la comunión. Ambas son inseparables. No pueden existir la una sin la otra. Son como dos alas que permiten que el cristianismo vuele,

---

[2] Luigi Giussani, *El sentido religioso*, Ediciones Encuentro, Madrid 2003, p. 105.

que el mensaje de Jesús alcance el corazón del hombre.

La comunicación no es un accesorio. Es la esencia misma de la fe. Porque Jesús es, en sí mismo, la Palabra del Padre hecha carne. Él es la comunicación de Dios al hombre. Todo en Jesús es comunicación: sus palabras, sus gestos, sus silencios, su cruz, su resurrección. La revelación de Dios no es un conjunto de ideas abstractas, sino un acontecimiento, un encuentro, un diálogo, una entrega que se hace palabra viva.

Por eso, un cristiano no puede vivir encerrado en sí mismo, mudo, aislado, indiferente. Si somos discípulos de Jesús, somos también comunicadores. Pero no comunicadores de cualquier cosa. No basta con hablar mucho, con llenar el aire de palabras vacías, con repetir frases aprendidas. Todos deberíamos preguntarnos ¿Qué comunico? ¿Qué transmito a los demás?

Vivimos en una sociedad saturada de información, de mensajes, de opiniones. Pero la mayoría de lo que comunicamos no edifica, no construye, no genera comunión. Comunicamos banalidades, críticas, chismes, quejas, noticias pasajeras que apenas rozan la superficie de la vida.

Sin embargo, la comunicación cristiana tiene un objetivo mucho más alto: comunicar la verdad. No cualquier verdad, sino aquella que hace libres, aquella que conduce al amor, aquella que genera vida.

Decía Benedicto XVI con la claridad y la profundidad que le caracterizaban: «La verdad sin amor se vuelve fría, impersonal y, en última instancia, destructiva»[3]. Y podríamos añadir: toda comunicación que no conduce a la comunión es estéril.

Comunicar no es sólo hablar. Es abrir el corazón, es ofrecer un espacio de encuentro, es tender un puente hacia el otro, es regalar la verdad de manera amable y fecunda.

Por eso, la primera pregunta que deberíamos hacernos es: ¿Soy capaz de comunicarme verdaderamente con los demás? ¿Soy capaz de comunicarme con Dios?

Porque la comunicación no es sólo un instrumento social. Es el fundamento mismo del amor. No puedo amar si no me comunico. No puedo ser amado si no permito que el otro entre en mi vida a través de la palabra, del gesto, de la mirada.

Las personas no siempre expresan el amor del mismo modo. Algunos lo expresan con palabras, otros con gestos, otros con detalles, otros con tiempo compartido, otros con actitudes de servicio.

---

[3] Benedicto XVI, *Caritas in Veritate*, n. 3.

Y, sin embargo, muchas veces no sabemos reconocer esos lenguajes. No sabemos leer el modo en que el otro nos está diciendo: «Te quiero». Y entonces surgen los malentendidos, las heridas, las distancias.

Cuántas veces las grandes tragedias de la vida —en las familias, en las amistades, incluso en la Iglesia— no nacen de grandes pecados, sino de pequeños fracasos de comunicación. De palabras no dichas, de gestos malinterpretados, de silencios que se convierten en muros, de prejuicios que levantan barreras.

Vivimos muchas veces desde la impresión, desde la sospecha, desde el juicio precipitado: «Es que me ha parecido que…», «Es que he pensado que…», «Es que me ha dado la impresión que…». Y olvidamos que por impresiones no se puede juzgar a una persona, que los malentendidos, cuando no se aclaran, alimentan el resentimiento, la confrontación y el desamor.

Por eso, la vida cristiana nos exige un ejercicio constante de comunicación amable y verdadera. De entregar la verdad no como un arma que hiere, sino como un don que edifica. Porque una verdad que se entrega con amargura, con soberbia, con desprecio, difícilmente podrá ser acogida. Una verdad que humilla al otro, que le desprecia, que le juzga, pierde su fuerza transformadora.

Jesús lo expresó con claridad en su oración al Padre: «Que sean uno, como tú y yo somos uno, para que el mundo crea»[4]. La comunión entre nosotros es el signo visible de que Dios está entre nosotros. Y sólo es posible cuando hay comunicación sin prejuicios, sin gritos, sin desprecios, sin presuposiciones negativas.

Y esto es un reto que todos tenemos por delante. Porque comunicar bien no es fácil. Requiere humildad, paciencia, apertura, ternura. Requiere aceptar que tal vez no siempre tenemos razón, que tal vez el otro también tiene algo que enseñarnos.

La gran tragedia de la Iglesia, muchas veces, es que hemos dejado de ser buenos comunicadores. Nos hemos encerrado en discursos vacíos, en palabras repetidas, en fórmulas que no tocan el corazón. Cuántas veces uno escucha una homilía y siente que no le dice nada, que no le interpela, que no le despierta. Y eso, aunque nos duela, es también responsabilidad de quienes predicamos. Porque la verdad no basta con proclamarla: hay que comunicarla desde el amor, con pasión, con belleza.

Pero esto no se limita al ámbito de la predicación. Afecta también a nuestras relaciones

---

[4] Jn 17, 21.

cotidianas: con los hijos, con los padres, con los hermanos, con los amigos, con la pareja. ¿Cómo es nuestra comunicación? ¿Es amable? ¿Es abierta? ¿Es humilde? ¿Estamos dispuestos a escuchar, a ceder, a aprender?

La verdadera comunicación nace de la certeza de que el otro es un don, no un enemigo. De la conciencia de que no soy nadie sin el otro, de que necesito al otro para ser plenamente yo.

COMUNICACIÓN Y COMUNIÓN:
LA DOBLE DIMENSIÓN DEL ENCUENTRO

Por tanto, la vida cristiana se despliega siempre en un doble movimiento: comunicación y comunión, que no son palabras vacías ni conceptos abstractos. Son realidades vivas, esenciales, que tocan el núcleo mismo de nuestra fe y que dan forma a nuestra relación con Dios y con los demás.

Nuestra existencia está tejida de comunicación constante, y no sólo con las personas que nos rodean, sino, ante todo, con Dios. Vivimos en diálogo permanente con Él, aunque no siempre seamos conscientes. Y esa comunicación con Dios tiene siempre dos dimensiones inseparables.

La primera es la comunicación individual, íntima, silenciosa. Ese tú a tú con el Señor donde nos desnudamos por dentro y dejamos caer nuestras máscaras. Donde le decimos sin adornos lo que hay en nuestro corazón: lo que queremos para Él, lo que anhelamos que Él haga por nosotros, lo que soñamos ofrecerle, lo que esperamos recibir. Es un diálogo que atraviesa los días y las noches, los consuelos y las sequedades, los gozos y las heridas. Un diálogo en el que aprendemos a escuchar y no sólo a hablar.

Pero esa comunicación individual no agota la vida de oración. La fe no es un asunto privado, un diálogo cerrado entre Dios y yo, como si estuviéramos solos en el mundo. La fe tiene siempre una dimensión comunitaria, eclesial. Porque somos Iglesia. Y la Iglesia —conviene recordarlo siempre— significa precisamente «asamblea de los convocados». Viene del verbo griego kaleo: invitar, convocar, llamar.

Somos el pueblo de los llamados. No los mejores, no los más puros, no los más sabios, sino los convocados por Dios para ser sus hijos.

Y en esa comunidad con sus luces y sus sombras, con sus santos y sus pecadores, se despliega también la comunicación que nos salva. Porque habitualmente, y esta es una de las pedagogías más hermosas y desconcertantes de Dios, Él elige comunicarse a través de los hermanos. Y no siempre a través de los más brillantes, sino muchas veces a través de los más sencillos, de los más pobres, de los que menos cuentan a los ojos del mundo.

Ahí radica la belleza y el desafío de la vida comunitaria. Nos desinstala. Nos purifica. Nos obliga a salir de nuestros esquemas, de nuestras manías, de nuestros elitismos espirituales. Porque vivir la fe en comunidad nos confronta con la verdad de que no estamos solos, de que no somos autosuficientes, de que necesitamos a los demás para escuchar a Dios y para vivir el Evangelio.

Por eso es tan necesario participar en la Eucaristía dominical, encontrarnos con otros creyentes, sabernos parte de un pueblo que peregrina, que lucha, que cae y se levanta. Aunque la celebración no sea perfecta, aunque el cura sea pesado, aunque la música no nos guste o los hermanos nos irriten. Todo eso forma parte de la pedagogía de Dios.

Incluso los monjes del desierto, que buscaban la soledad radical para encontrarse con Dios, sabían que no podían vivir su fe sin la comunidad. Por eso, cada domingo, dejaban sus celdas, sus cuevas, y se reunían para celebrar la Eucaristía, para orar juntos, para recibir del grupo lo que solos no podían alcanzar.

Este misterio de la comunicación horizontal y vertical, individual y comunitaria, alcanza su culmen en la comunión. No basta con estar unidos, no basta con compartir un espacio físico o unas ideas. La comunión es algo más hondo: es tener algo en común. Se trata de participar juntos de una vida que no es nuestra, es sabernos parte de un mismo cuerpo.

La unión puede ser externa, frágil, circunstancial. La comunión es interior, profunda, indestructible.

Por eso, en la familia, en la amistad, en la Iglesia, estamos llamados no sólo a estar juntos, sino a vivir en comunión. Esta unión no se construye desde la uniformidad y los formalismos, sino desde la riqueza de la diversidad reconciliada a través del amor.

Una familia no es perfecta porque todos piensen igual, sino porque han compartido tantas cosas, tantos recuerdos, tantos dolores y alegrías, que ya no pueden entenderse los unos sin los otros. La comunión nace de la vida compartida, de las heridas que hemos aprendido a sanar juntos, de las lágrimas y las risas que nos han tejido por dentro.

Y la comunión más plena, la más real, la más transformadora, se da cuando nos acercamos a la mesa del altar y recibimos el Cuerpo y la Sangre de Cristo. En ese momento, lo que está en Él está en mí, y lo que está en mí se entrega a Él. Nos fundimos, nos identificamos, nos hacemos uno. La comunión eucarística es la imagen perfecta de lo que debería ser nuestra vida entera: un don recibido y ofrecido, una vida compartida, una existencia que ya no me pertenece porque la he entregado.

El cristiano es, por definición, un constructor de comunión. Alguien que busca más lo que une que lo que separa. Alguien que sabe ser tolerante y misericordioso con las debilidades de los demás, porque ha descubierto que también él es débil y que todo lo bueno que hay en él le ha sido regalado.

Ser cristiano es vivir abierto a la comunicación y a la comunión. Es saberse hecho para el encuentro. Es comprender que, en el fondo, no somos plenamente nosotros mismos hasta que aprendemos a ser «nosotros» con los demás y con Dios.

Justicia, comunicación y comunión: la verdad que une

Pero recordemos que la comunión verdadera sólo puede darse allí donde hay amor, y el cimiento del amor es la justicia. Sin justicia no hay amor. Y sin amor no hay comunión. Todo comienza por la justicia, por el orden justo de las cosas, por el reconocimiento de que cada uno tiene su lugar y su dignidad, por la aceptación de que nadie puede colocarse por encima ni por debajo de los demás.

Lo primero que aprende un estudiante de derecho es que la justicia consiste, en su esencia más sencilla y profunda, en dar a cada uno lo suyo. La justicia es respetar la identidad y la dignidad de cada persona, reconocer que cada uno tiene un sitio propio e inviolable.

En la vida, esto tiene consecuencias muy concretas. Cuando, por ejemplo, en un matrimonio uno se coloca por encima del otro, cuando se niega la dignidad del otro, ahí se rompe la justicia. Y donde no hay justicia, el amor no puede nacer. Y si no hay amor, la comunión es imposible.

Jesús en Caná provoca, antes que nada, una comunicación: con su Madre, con los sirvientes, con el mayordomo, con el esposo que al final se alegra y celebra. Y esa comunicación abierta, sencilla, cordial, genera comunión. Todos participan de la fiesta. Todos beben del mismo vino. Todos comparten la alegría.

Así es Dios. Él es el que cohesiona, el que reúne, el que convoca. Por eso la Iglesia se llama así: porque somos los convocados, los reunidos, los que hemos sido llamados a la comunión. Y por eso el demonio es siempre el que divide, el que separa, el que rompe la unidad.

Y aquí conviene detenerse, porque muchas veces sin darnos cuenta nos convertimos en instrumentos de división. Cuando hablamos mal de alguien, cuando señalamos sus defectos, cuando revelamos algo que tal vez cambie el juicio que otra persona tiene sobre él, cuando sembramos sospechas o críticas, nos estamos convirtiendo en instrumentos de ruptura. Por eso Jesús es tan claro cuando nos llama a ser constructores de unidad.

Claro que, a veces, uno necesita desahogarse, necesita contar el daño que le han hecho, necesita pedir consejo. Pero hay que buscar siempre la persona adecuada, alguien que pueda escuchar sin juzgar, alguien que no use lo que le contamos para destruir vínculos, alguien que sea capaz de acompañar sin alimentar el resentimiento, pues estamos llamados a vivir en comunión con los que Dios ha puesto cerca de nosotros. Y esto, a veces, duele. Porque hay situaciones dolorosas que todos conocemos: «mi hermano no me quiere hablar», «mi hija me ha dado la espalda», «mi marido no quiere saber nada», «mi mujer me rechaza» … La libertad humana puede gestionar sus decisiones para el bien o para el mal. Lo importante es que, por nuestra parte, sepamos mantener siempre una actitud abierta a la comunicación y a la comunión. Que sepamos estar disponibles, que no cerremos la puerta, que no pongamos condiciones imposibles, que no alimentemos el resentimiento ni la imposición.

La comunión nace siempre de la justicia. No de la imposición, no de la superioridad, no del chantaje emocional, sino del respeto a la dignidad del otro, de la aceptación de que cada uno tiene su lugar. Si partimos de una injusticia, nunca podrá construirse el amor. Podremos perdonar, podremos ceder, podremos llegar a acuerdos. Pero si la estrategia del otro es herir, romper, destruir, ahí no puede haber comunión.

Jesús buscaba la comunión con todos, incluso con los fariseos que le atacaban, con los que le criticaban, con los que le tendían trampas. Siempre buscaba el diálogo, siempre tendía la mano, siempre abría la puerta. Pero también sabía poner nombre a la injusticia. No la consentía. La señalaba, la denunciaba. Y, aun así, no dejaba de amar.

La Iglesia es, por vocación, un sacramento de unidad. Jesús dijo a sus discípulos: «Vosotros sois la luz del mundo. Vosotros sois la sal de la tierra»[5]. Y la luz y la sal no existen para sí mismas, sino para los demás. La misión de la Iglesia, y de cada uno de nosotros, es ser causa de comunión. Es buscar lo que une. Es vivir la

---

[5] Mt 5, 13-14.

misericordia que comprende los defectos ajenos, que perdona, que acoge, que construye.

Y por eso, finalizando este camino, la pregunta queda abierta, suave pero firme: ¿Mi fe me lleva a entregar amablemente la verdad? ¿Mi fe me lleva a revisar cómo son mis relaciones con los demás? ¿Mi fe me lleva a saber comunicarme con Dios y con los hombres, para construir comunión?

NOVENA MEDITACIÓN: DESCUBRIENDO LA BELLEZA DE DIOS. EL DON DE LA FE

«La gloria de Dios es que el hombre viva, y la vida del hombre consiste en la visión de Dios. Dios creó todas las cosas "para manifestar y comunicar su gloria". Nuestra vocación es dar gloria a Dios acogiendo su amor y respondiendo con una vida santa. "Hágase tu voluntad" no es resignación, sino deseo ardiente de que el mundo se transfigure según su designio de amor. En la liturgia, en la caridad, en la entrega cotidiana, el cristiano glorifica a Dios y participa ya, anticipadamente, en la gloria eterna».

(*Catecismo de la Iglesia Católica*, 293; 294; 2809; 2013)

Para la gloria de Dios: el signo que revela y la fe que crece

Así concluye el relato de las bodas de Caná: «Este fue el primero de los signos que Jesús realizó en

Caná de Galilea; así manifestó su gloria y sus discípulos creyeron en Él»[6].

San Juan lo dice con sencillez, pero en esas palabras hay un anuncio profundo que atraviesa todo el Evangelio: Jesús manifiesta su gloria y, a la luz de esa gloria, sus discípulos creen en Él. La fe de los discípulos no nace de un discurso, ni de un razonamiento, ni de una estrategia humana. Nace de la contemplación de la gloria de Dios, que se hace visible, palpable, cercana, en la persona y en los gestos de Jesús.

En este primer signo Jesús inaugura algo nuevo. No es un simple gesto de poder, no es un truco para impresionar a los invitados. Es un signo que revela quién es Él y qué ha venido a hacer. Un signo que abre los ojos de los discípulos y les permite vislumbrar, aunque sólo sea un destello, la gloria que habita en Él.

La gloria de Dios. Ese es el fin último, el horizonte más alto, la razón de ser del cristiano: vivir para la gloria de Dios.

Ya lo adelantábamos en la primera meditación: hay un dilema fundamental que atraviesa la vida de todo ser humano. Vivimos o para la gloria de Dios o para la gloria propia. No hay término medio. Podemos revestirlo

---

[6] Jn 2, 11.

de buenas intenciones, de proyectos nobles, de causas justas, pero al final la pregunta esencial es siempre la misma: ¿Para quién vivo? ¿Para qué vivo?

La palabra «gloria», en la tradición bíblica, tiene un valor inmenso, en hebreo se dice *kabod*, que literalmente significa peso, densidad, solidez, gravedad, valor verdadero[7]. La gloria es aquello que realmente importa, lo que tiene consistencia, lo que permanece.

Frente a la liviandad de las apariencias, de los honores mundanos, de los aplausos pasajeros, la gloria de Dios es peso y majestad, es lo que da sentido y firmeza a todo.

Y aquí está la gran alternativa que define la vida: vivir para la gloria de Dios o vivir para la propia gloria. Buscar el peso de Dios o buscar el propio peso. Y, por desgracia, muchas veces, aunque no lo digamos, vivimos buscando ser admirados, reconocidos, tenidos en cuenta, aplaudidos. Vivimos para que nuestra opinión prevalezca, para que nuestra voluntad se imponga, para que nuestra imagen brille.

Pero la gloria que busca imponerse a los demás, que necesita dominar, que recurre a la

---

[7] Cf. Gerhard Kittel, *Diccionario Teológico del Nuevo Testamento*, tomo II, voz "doxa".

violencia —sea física, verbal o emocional— no es verdadera gloria. Se descalifica a sí misma. La violencia, la prepotencia, la manipulación desacreditan cualquier ideal, cualquier causa, por noble que parezca.

En la guerra civil española, en medio de aquel tiempo desgarrado y confuso, un grupo de milicianos se disponía a ejecutar a unas religiosas. En aquel momento se acercó su líder y les dijo: «Se puede morir por una idea, pero no se puede matar por una idea»[8]. Porque cuando una idea necesita imponerse matando, ya ha perdido su valor. Cuando un ideal requiere destruir al otro para sostenerse, ha dejado de ser verdadero.

Lo mismo sucede en la vida espiritual. Podemos dar la vida por la verdad, por la justicia, por la fe. Pero si para defender la verdad recurrimos a la violencia, si para imponer la fe humillamos al otro, si para proclamar la justicia pisoteamos al débil, estamos negando aquello mismo que pretendemos defender.

La gloria de Dios no se manifiesta en la imposición ni en la violencia. La gloria de Dios se manifiesta en la humildad, en la gratuidad, en la

---

[8] Cf. Albert Camus, *El hombre rebelde*, Alianza Editorial, Madrid 2005 (especialmente, parte IV: "La rebelión y el terror", pp. 264-280).

belleza de un amor que no necesita imponerse porque se ofrece como don.

Y eso es lo que sucede en Caná. Jesús no hace un alarde. No convoca multitudes para que aplaudan su poder. Su primer signo sucede en la intimidad de una fiesta de pueblo, en el marco sencillo de una boda. Se manifiesta en un gesto discreto, casi secreto, que apenas unos pocos perciben. Pero para los que lo contemplan con el corazón abierto, este signo revela la gloria de Dios y le abre a la fe.

Así es siempre la obra de Dios. Su gloria no se impone, se ofrece. No deslumbra, ilumina. No humilla, eleva.

La vida sólo tiene sentido cuando se vive para la gloria de Dios. Cuando todo lo que hacemos —en el trabajo, en la familia, en la amistad, en el descanso, en la oración— es para que Él sea conocido, amado y glorificado.

Lo contrario es vivir para uno mismo. Es vivir para la propia gloria, para que el mundo gire a nuestro alrededor, para que nuestra voluntad prevalezca. Y eso, tarde o temprano, nos deja vacíos y sin consistencia.

La gloria de Dios: belleza, rectitud y vida

Hay una virtud cristiana que siempre me ha parecido luminosa y necesaria, una virtud discreta y a la vez decisiva: la rectitud de intención. No es grandilocuente, no se exhibe, no tiene apariencia de heroicidad, pero es una de las raíces más profundas de la santidad. La rectitud de intención es esa capacidad de examinar el porqué de nuestras acciones, de filtrar nuestras motivaciones, de preguntarnos qué buscamos realmente en lo que hacemos.

Porque, si somos sinceros, muchas veces hacemos las cosas para que nos digan: «¡Qué bueno eres!», «¡Qué generoso!», «¡Qué persona tan ideal!». Vamos, sin darnos cuenta, mendigando la gloria de los demás. Buscamos la aprobación, el reconocimiento, el aplauso, el agradecimiento. Y ahí es donde la rectitud de intención se convierte en purificación: ¿Quién es realmente el protagonista de lo que hago? ¿Quién es el destinatario último de mi esfuerzo, de mi entrega, de mi sacrificio? ¿Busco que me glorifiquen a mí, o que Dios sea glorificado?

Es fácil apropiarse de la gloria de Dios sin darnos cuenta, convertirnos en protagonistas de la obra que sólo Él puede realizar. Por eso la rectitud de intención nos devuelve al lugar que nos corresponde: ser instrumentos, no protagonistas; ser servidores, no dueños; ser testigos, no actores principales.

La gloria de Dios no es espectáculo, es belleza. Pero no la belleza superficial, estética, pasajera, sino la belleza que brota de lo auténtico, de lo limpio, de lo que es como debe ser.

La gloria de Dios es la belleza de un corazón puro, la belleza de un amor sin doblez, la belleza de la verdad que se ofrece como don. Y esa belleza no necesita adornos, porque resplandece en lo sencillo, en lo cotidiano, en lo pequeño.

Por eso, la gloria de Dios se manifiesta especialmente en el amor a los pobres, a los pequeños, a los que no tienen recursos para alcanzar esa belleza. Porque la verdadera gloria no consiste en acumular méritos, sino en descubrir que Dios ama lo que el mundo desprecia, que Dios revela su majestad en la debilidad, que Dios embellece lo que el mundo considera insignificante.

Estamos llamados a reconocer la gloria de Dios en lo pequeño, en lo escondido, en lo frágil. Dar gloria a Dios no es sólo cantar alabanzas o proclamar su grandeza. Dar gloria a Dios es reconocer su presencia en lo cotidiano, en los gestos sencillos, en la bondad oculta, en la ternura discreta.

Cuando salamos un guiso con cariño, cuando dejamos pasar a alguien en un paso de cebra, cuando callamos un juicio negativo, cuando perdonamos en silencio, cuando acompañamos a alguien en su dolor, estamos dando gloria a Dios. Porque estamos reconociendo que Él está ahí, que su belleza se hace presente en lo pequeño, que su gloria se manifiesta en el amor cotidiano.

Decimos en la liturgia: «Te damos gracias por tu inmensa gloria». Y muchas veces no nos detenemos a pensar qué significa eso. La gloria de Dios no es un atributo lejano. Es una presencia que embellece la vida, que la hace verdadera, que la llena de sentido. Cuando alguien descubre la belleza de Dios, no necesita que nadie le obligue a creer. La belleza divina es irresistible cuando uno la contempla con los ojos del corazón.

San Agustín decía que, como un niño que desea la dulzura de la nuez cuando la ha probado por primera vez, así el alma que ha gustado la belleza de Dios no puede dejar de buscarla[9]. La fe no se impone, se ofrece. Y sólo puede ser acogida cuando se presenta como don, como belleza, como vida.

Por eso, la pregunta esencial que tendríamos que hacernos es si reconocemos esa belleza a nuestro alrededor. Si somos capaces de ver la gloria de Dios en la luz de un día luminoso, en el verde de los pinos, en los árboles desnudos en invierno, en el rostro cansado de un anciano, en las lágrimas sinceras de un penitente, en la lucha diaria de quienes buscan amar a pesar de sus heridas.

---

[9] San Agustín, *Confesiones*, Libro I, cap. 7 (n. 11), BAC, Madrid 1991, p. 61.

Como sacerdote puedo deciros que uno de los lugares donde más claramente percibo la gloria de Dios es cuando alguien, con sencillez y verdad, abre su corazón y deja entrar la luz. Porque detrás de cada lucha, de cada esfuerzo, de cada decepción, está el Señor. Su gloria se filtra por las grietas de nuestra fragilidad.

Lo mismo que la gloria de unos padres es la vida de sus hijos: verlos felices, verlos crecer, verlos amar, verlos construir. Así también Dios se gloría en nuestra vida, en nuestra plenitud, en nuestra felicidad.

Y por eso, todo lo que hagas para que la vida de los que te rodean sea más plena, más luminosa, más verdadera, da gloria a Dios. Cada gesto de amor, cada palabra de consuelo, cada esfuerzo por construir comunión, cada acto de misericordia es un destello de la gloria divina.

Porque, al final, la gloria de Dios no es otra cosa que la vida de sus hijos. Nuestra vida. Tu vida.

La gloria de Dios y la felicidad del amado

Hay algo propio del amor, algo que nace espontáneamente cuando uno ama de verdad: buscar la felicidad del amado. Amar no es simplemente querer recibir, ni siquiera es cumplir, ni buscar méritos. Amar es desvivirse por la dicha del otro, desear que el otro sea feliz, hacer de la vida propia un don para la vida ajena.

Y si tú amas a Dios —y sé que lo amas, aunque a veces no lo sepas o no lo sientas—, alguna vez tendrías que haberte preguntado, o quizá hoy debas preguntarte por primera vez: Señor, ¿cómo puedo hacerte feliz? No para cumplir con un reglamento, no para que me tengas por bueno, no para llegar a la vida eterna con un expediente limpio y brillante de buenas obras, sino simplemente por amor. Por esa gratuidad que caracteriza a los enamorados, que no buscan otra cosa que ver feliz al ser amado.

Si te hicieras esa pregunta, Dios no tardaría en responderte: lo que más feliz me hace es que os cuidéis. Así se lo dijo Jesús a Simón Pedro después de la resurrección, en aquel diálogo cargado de ternura y de dolor: «Simón, ¿me amas?» —«Señor, tú sabes que te amo». —«Apacienta mis ovejas»[10].

Tres veces le pregunta Jesús, como queriendo restaurar, una por una, las tres negaciones de Pedro. Tres veces le pide lo mismo: que cuide, que apaciente, que nutra. Porque amar a Dios pasa, necesariamente, por cuidar de los suyos.

Y eso vale para todos. No hace falta ser sacerdote, ni religioso, ni casado, ni soltero. No

---

[10] Jn 21, 15.

depende de un oficio ni de un estado de vida. Es cuestión de decisión, de voluntad, de entrega. Porque el amor verdadero siempre se concreta en servicio, en caridad, en atención al otro.

Apacentar es dar de lo propio. Nutrir con lo que uno es y tiene. Y no sólo con cosas materiales, sino, sobre todo, con el tiempo, con la ternura, con la escucha, con la paciencia, con la comprensión. Con la vida.

Por eso, la gloria de Dios no es un asunto abstracto ni un ideal lejano. La gloria de Dios se manifiesta cuando tú haces feliz a alguien, cuando das vida, cuando cuidas.

Y esto no es una opción secundaria en la vida cristiana. Es la consecuencia más lógica de la fe. Una espiritualidad que no se traduce en caridad, en servicio, en entrega, es un montaje vacío, una construcción sin cimientos. Puedes pasarte la vida rezando, cantando alabanzas, participando en celebraciones, pero si no amas, si no sirves, si no te gastas por los demás, todo eso no vale nada.

Dios, a través de la Encarnación, se ha desposado con la pobreza humana. Ha unido su gloria a la fragilidad de los hombres y mujeres que nos rodean. Por eso, cada vez que servimos, que cuidamos, que acompañamos, estamos glorificando a Dios. Y cuando dejamos de hacerlo, cuando ignoramos, cuando despreciamos, cuando vivimos encerrados en nuestro propio bienestar, estamos negando su gloria.

Esto no tiene nada que ver con ideologías ni con consignas sociales. La caridad no es un invento moderno. La Iglesia, desde sus primeros pasos, ha hecho de la caridad una señal indeleble de la presencia de Dios en medio de los hombres. Allí donde hay servicio, allí donde hay cuidado, allí donde alguien da la vida por los demás, allí está Cristo.

Cuando falta la caridad, cuando falta la preocupación real por los demás, la vida espiritual se convierte en un decorado vacío, en una puesta en escena sin Dios.

La gloria de Dios pasa por ahí. Por la vida entregada, por la caridad concreta, por el amor que se hace gesto, palabra, presencia, alimento.

La gloria de Dios y el servicio al pobre

En Caná, Jesús manifestó su gloria no porque obrase un milagro espectacular, sino porque su madre, Él mismo, y los servidores —que como hemos visto son llamados amigos e hijos— se dedicaron a hacer felices a unos novios que habían calculado mal, que habían cometido un error ingenuo, que habían quedado en evidencia. La gloria de Dios se manifestó en esa indigencia, en ese fallo humano, en esa carencia, cuando alguien, por amor, decidió implicarse, echar una mano, cuidar.

Ahí se revela la gloria de Dios: cuando alguien decide no mirar para otro lado, cuando alguien se compromete con la debilidad del otro, cuando alguien hace de la necesidad ajena su propia ocupación. Porque el amor se concreta siempre en servicio, y ese servicio tiene un rostro claro: el cuidado de los más pobres, de los más frágiles, de los más desfavorecidos.

Y aquí conviene señalar un matiz, porque no hablamos sólo de pobreza material. Es cierto que la pobreza material nos conmueve profundamente. Basta ver las imágenes de niños hambrientos, de refugiados que huyen, de familias destrozadas por la miseria, para que algo en nosotros se remueva y queramos hacer algo.

Hay también otras pobrezas que no se ven tanto y que son igualmente urgentes. Está la pobreza psicológica, que a veces es la más difícil de soportar. Esa pobreza que habita en personas que son insoportables, que tienen un carácter áspero, que son prepotentes, chulas, vanidosas, neuróticas, difíciles. Personas que, psicológicamente, están rotas o heridas, y que, por ello, a menudo nos hieren a nosotros. Personas que, si te acercas demasiado, pueden absorberte, manipularte, arrastrarte. Y ahí hace falta un discernimiento fino, porque no se trata de dejarnos anular, pero sí de mirar a esas personas con ojos de misericordia, de comprender que también ellas son pobres y necesitan ser amadas, aunque a veces sea amar a distancia, aunque a veces sea poner límites.

Y luego está la pobreza más radical, la más dura, la más hiriente: la pobreza espiritual. La de quienes no conocen a Dios, la de quienes viven en la oscuridad, la de quienes hacen del pecado una virtud y, para colmo, se burlan de ti, te desprecian, te ridiculizan por tu fe. Esa pobreza que no se ve, pero que es la más profunda de todas, porque es la del alma que vive lejos de la luz, que ha perdido el sentido, que se ha extraviado en caminos de muerte.

Jesús nos dice: «Apacienta mis ovejas»[11]. Y, con ternura aún mayor, añade: «Apacienta mis corderos»[12]. Porque no sólo nos pide cuidar de los fuertes, de los que caminan, sino, sobre todo, de los que no pueden caminar, de los débiles, de los que no tienen fuerzas, de los que necesitan ser cargados a los hombros.

Sin justicia social, sin preocupación concreta y real por los más pobres —material,

---

[11] Jn 21, 15.
[12] Ibid.

psicológica y espiritualmente— no hay cristianismo, no hay Iglesia, no hay presencia viva de Dios en nuestra vida. Esto es así. Podemos engañarnos, podemos adornar nuestra vida espiritual, pero si no hay caridad, si no hay servicio, si no hay entrega concreta a los más pequeños, todo lo demás es vacío.

Esto lo entendieron bien los primeros cristianos. Ya desde los comienzos, la Iglesia supo que su existencia tenía tres vértices esenciales, tres pilares sin los cuales no puede sostenerse: el anuncio y la escucha del Evangelio, la celebración de los sacramentos y la caridad. Cuando falta cualquiera de estos tres, la Iglesia se vacía de contenido, pierde su alma.

Por eso, al final de este camino por las bodas de Caná, la enseñanza es clara y luminosa. La gloria de Dios se manifiesta donde hay servicio, donde hay amor concreto, donde alguien decide dejar su comodidad para cuidar de otro.

Ahí, y sólo ahí, el agua se convierte en vino.

EPÍLOGO
VOLVER A CANÁ CADA DÍA

Quizá, después de haber recorrido estas páginas, después de haber contemplado juntos la escena sencilla y vibrante de las Bodas de Caná, puedas sentir que algo ha cambiado en tu mirada. No porque hayamos dicho nada nuevo, sino porque, tal vez, hemos vuelto a escuchar lo esencial.

La vida cristiana es, en el fondo, un milagro cotidiano que comienza cuando reconocemos que nos falta el vino y que sólo Cristo puede dárnoslo. Un milagro que no sucede una sola vez, sino que necesita ser acogido, buscado y celebrado cada día.

Caná no es un lugar lejano, perdido en la geografía de Galilea. Caná está en tu vida. En cada carencia que experimentas, en cada vacío que te duele, en cada momento en que el agua de tu existencia parece insípida, gris, intrascendente. Y es ahí donde Cristo quiere entrar, discreto y poderoso, para transformar lo ordinario en extraordinario, lo pobre en fecundo, lo humano en divino.

Hemos recorrido, en estas páginas, nueve claves que iluminan el rostro del cristiano: No son recetas. No son mandatos impuestos desde fuera. Son huellas, caminos, signos para que puedas descubrir, o redescubrir, la belleza y la exigencia de ser cristiano.

Pero ahora, al cerrar este libro, quiero invitarte a algo más: que vuelvas a Caná cada día. Que hagas memoria de esa escena evangélica y la contemples en tu oración. Que escuches la voz de María diciendo al oído de tu alma: «No tienen vino».Y que permitas que esa voz te despierte, te incomode, te impulse a volver a Jesús y a abrirle tu vida.

Porque, al final, lo único que Cristo necesita para obrar un milagro es que reconozcas tu pobreza y le permitas actuar. Las tinajas siguen estando ahí, vacías, esperando que alguien las llene y las ponga en manos del Señor. Tu vida, con sus luces y sombras, con sus miedos y anhelos, es una de esas tinajas.

No temas acercarte a Caná tantas veces como haga falta. No temas decirle a Cristo: «Me falta el vino». Él no se cansa de transformar. No se cansa de empezar de nuevo. Y, cada vez que lo hace, el vino es mejor.

Este libro termina aquí, pero el verdadero camino comienza ahora: el camino de vivir, día tras día, como discípulo de Aquel que convierte el agua en vino y la vida en Gracia.

Vuelve a Caná. Vuelve siempre. Y deja que la fiesta de la fe comience en ti.